中華文化思想叢書

儒家生態意識與中國古代環境保護研究

下冊

陳業新　著

目次

第七章
生態職官考述
——以先秦、秦漢時期為對象

一　先秦生態職官考述——以《周禮》為對象

（一）導言

　　中國歷史上的職官系統及其官號出現甚早，溯其源端，可追至上古之時。但早期文明草創，經濟、社會不甚發達，政治、官僚等機構十分簡易；另一方面，由於人類與自然環境的關係須臾不離，人類生存對生態資源和環境的依賴性遠遠超過其後的歷史時期。因此，較早時期職官的設置，大多與自然環境直接相關，而順應自然和管理生態資源乃其一重要工作。對此，《漢書百官公卿表上》載曰：

　　《易》敘宓羲、神農、黃帝作教化民，而《傳》述其官，以為宓羲龍師名官，神龍火師火名，黃帝雲師雲名，少昊鳥師鳥名。自顓頊以來，為民師而命以民事，有重黎、句芒、祝融、后土、蓐收、玄冥之官，然已上矣。《書》載唐虞之際，命羲和四子順天文，授民時；諮四嶽，以舉賢材，揚側陋；十有二牧，柔遠能邇；禹作司空，平水土；棄作后稷，播百穀；卨作司徒，敷五教；咎繇作士，正五刑；垂作共工，利器用；益作朕虞，育草木鳥獸；伯夷作秩宗，典三禮；夔典樂，和神人；龍作納言，出入帝命。夏、殷亡聞焉，周官則備矣。天官冢宰，地官司徒，春官宗伯，夏官司馬，秋官司寇，冬官司空，

是為六卿，各有徒屬職分，用於百事。太師、太傅、太保，是為三公，蓋參天子，坐而議政，無不總統，故不以一職為官名。又立三少為之副，少師、少傅、少保，是為孤卿，與六卿為九焉。記曰三公無官，言有其人然後充之，舜之於堯，伊尹於湯，周公、召公於周，是也。或說司馬主天，司徒主人，司空主土，是為三公。四嶽謂四方諸侯。自周衰，官失而百職亂，戰國並爭，各變異。秦兼天下，建皇帝之號，立百官之職。漢因循而不革，明簡易，隨時宜也。其後頗有所改。王莽篡位，慕從古官，而吏民弗安，亦多虐政，遂以亂亡。

從上述記載看，古代職官在傳說中的伏羲、神龍、黃帝時代既出現，雖說「夏、殷亡聞焉」，然據《禮記明堂位》「有虞氏官五十，夏后氏官百，殷二百，周三百」，以及鄭玄注「有虞氏官宜六十，夏后氏宜百二十，殷宜二百四十，不得如此記也」文，夏、商時存有百官之制當是毋庸置疑的事實；及至西周時期，職官系統已基本具備，儒家十三經典之一的《周禮》中，就專門詳細地載錄了其百官之制。

《周禮》又稱《周官》或《周官經》。古往今來，研究《周禮》者眾多，說爭紛紜。關於其成書時間的問題，或認為是周公所作，或以為出自戰國，也有人認為乃西漢末年劉歆所偽造。後經學者考證，認為是戰國時作品當無疑。如明人季本在其《讀禮疑圖序》中云：

孟子曰，有布縷之征，粟米之征，力役之征，君子用其一，緩其二。三者之外，別無徵焉。《周禮》之征則不止此。蓋其書成於戰國之士[1]。

---

1 〔清〕朱彝尊：《經義考》，卷127，〈周禮八〉引。

　　清人毛奇齡也認為《周禮》出自戰國時期。他在《經問》卷二中說：

> 《周禮》為周末之書，不特非周公所作，即戰國孟子以前，皆未曾有。……此書系周末秦初儒者所作，謂之周人禮則可，謂之偽《周禮》則不可，以並無有真《周禮》一書。……第《周禮》不明，《禮記雜篇》皆戰國後儒所作，而《儀禮》、《周禮》則又在衰周之季，呂秦之前。故諸經說禮皆無可據，而漢世注經者必雜引三禮，以為言此亦大不得已之事，原非謂此聖人之經、不刊之典也。……六國之末已有其書，其為周人作，而非漢人又可知耳。

今人錢穆則從祀典、刑法、田制諸方面入手，對《周禮》著作時代進行了考證，指出「其成書應在戰國晚年，非春秋前所有」，認為《周禮》「是一部學者理想中之冥構」，是其作者「兼羅各種素材而加以組織」、「集合拼湊」而成的，「其書並非史實記錄」[2]。

　　但是，無論《周禮》成書於何時，也不管其內容是否為「史實記錄」[3]，都無礙我們據其記載對上古時期的官制進行考察。因為「存在決定意識」，縱使《周禮》係「學者理想中之冥構」的結晶，其內容也並非空穴來風，盡為學者無中生有之杜撰。根據《周禮》記載，我們認為，《周禮》中的官制，是在繼承其前歷史時期官制的基礎上

2　錢穆：〈周官著作時代考〉，《燕京學報》1932年第11期（1932年）。另見氏著：《兩漢經學今古文平議》（北京市：商務印書館，2001年），頁333、345。

3　楊向奎認為《周禮》是真實的，指出：「就《周禮》所載的典章制度言，不可能偽造，沒人能夠憑空撰出合乎社會發展規律的政治經濟社會各方面的著作。」楊向奎：《宗周社會與禮樂文明》（北京市：人民出版社，1997年），頁291。

發展形成的，具有官僚機構龐大、組織嚴密、系統和職能分工周詳等
顯著特徵；同時，《周禮》所載官制，又是中國行政機構有文獻可考
的端緒，在一定程度上為後世所傚仿與襲用。更何況班固《漢書百官
公卿表上》有「周官則備矣。天官冢宰，地官司徒，春官宗伯，夏官
司馬，秋官司寇，冬官司空，是為六卿，各有徒屬職分，用於百事」
的明確記載，因此，當代學者曾據《周禮》記載，對其官制等相關問
題進行了較為系統的探討，取得了不少研究成果[4]。這裏主要以《周
禮》為對象，對其所載職官中具有生態管理職能者加以初步的考述。

（二）《周禮》生態職官考述

中國古代很早就設置了具有生態管理職能的職官。如舜執政時期
的部落聯盟中，就設有司空、司徒和虞等職官，其中的虞被一些學者
視為中國歷史上最早的自然保護機構[5]。據《漢書地理志下》，舜曾命
「知禽獸」的伯益任虞職，掌管山澤草木鳥獸魚蟲等。《尚書舜典》
記載了這樣一個歷史事件：

> 帝（舜）曰：「疇若予上下草木鳥獸？」僉曰：「益哉！」帝
> 曰：「俞，咨，益，汝作朕虞。」益拜稽首，讓於朱、虎、
> 熊、羆。帝曰：「俞，往哉，汝諧。」

這一記載為後來學者頻頻援引，如宋人羅泌《路史後紀十二》就據此

4　如彭林：〈《周禮》五行思想新探〉，《歷史研究》1990年第3期（1990年）、〈《周禮》
　　治官思想初探〉，《中國史研究》1991年第2期（1991年）、《周禮主體思想與成書年
　　代研究》（北京市：中國社會科學出版社，1991年）；劉叔鶴〈西周的官制與統
　　計〉，《中南財經大學學報》1991年第5期（1991年）等等。

5　參見陳登林等：《中國自然保護史綱》（哈爾濱市：東北林業大學出版社，1991
　　年），頁19。

而說：「益為公虞，若予上下草木鳥獸祐之，朱、虎、熊、羆而物繁衍。」可見，由於益等的一致努力，當時山林川澤中諸如林木等植被和鳥獸均能茁壯成長，生態資源的保護取得了顯著的成效。另外，春秋時期的《國語魯語上》「里革斷罟匡君」之記載中，亦提及「古者」有「水虞」、「獸虞」等職官之事。

據《周禮》記載，周王朝在天子之下設有隸屬於「王」的天、地、春、夏、秋、冬之官，即所謂的「六卿」。《尚書周官》：「六卿分職，各率其屬，以倡九牧，阜成兆民。」據《周禮小宰》，六卿所事，各有側重：天官掌邦治、地官掌邦教、春官掌邦禮、夏官掌邦政、秋官掌邦刑、冬官掌邦事，無一卿為專司生態之事。然唐賈公彥等《周禮正義序》曰：

> 少皞以前，……百官之號象其徵；顓頊以來，……百官之號因其事。事即司徒、司馬之類是也。

《管子國准》又云：

> 黃帝之王，謹逃其爪牙。有虞之王，枯澤童山。夏后之王，燒增藪，焚沛澤，不益民之利。……周人之王，官能以備物。

因此，在六卿所屬「象天地四時日月星辰之度數」（《周禮小宰》鄭玄注）的三百六十屬官中，有不少與生態資源管理、保護和利用等相關的職官。雖然當時這些職官的職權並沒有明確地冠之以「生態」等字語，但在實際工作中，它們卻執行著生態管理的職能。

為便於了解《周禮》職官體系，需要對其官屬即官員的歸屬略加介紹，因為它對諸職官的權責範圍起著決定性的作用。孫詒讓《周禮

正義大宰》云：「屬猶言屬別，謂以爵秩尊卑相領隸。」學界據此而
將《周禮》之官屬自上而下地分為總屬、分屬、當官之屬和冗散之屬
四個層次[6]。總屬是宏觀的領屬關係，乃〈小宰〉所云「官府之六
屬」，即天、地、春、夏、秋、冬等六官。六官之長大宰、大司徒、
大宗伯、大司馬、大司寇和大司空的爵秩為卿，其屬官的爵秩均在其
下，一官之內，「大事則從其長」。六卿各有副貳，也以尊卑相領，分
別為小宰、小司徒、小宗伯、小司馬、小司寇和小司空，爵秩均為中
大夫。〈大宰〉云：

　　　乃施法於官府，而建其正，立其貳，設其考，陳其殷，置其輔。

鄭玄謂正即大宰等六卿；貳即六卿之副貳，為小宰等；考為更次一級
的助手，「考，成也，佐成事者」，分別為宰夫、鄉師、肆師、軍司
馬、士師等，爵秩均為下大夫；殷乃眾士，輔乃「庶人在官者」，即
輔助士治事的府、史等（見表7-1）。分屬是一官之內的次一級的領屬
關係，如春官中，大祝為祝官之長，爵為下大夫，其下有爵秩低於下
大夫的小祝等官。當官之屬是再次一級的領屬關係，指某一官吏與其
屬員的關係。如官正爵為上士，其屬員有中士、下士、府、史、胥、
徒等若干人。冗散之屬為政府編制之外的冗散人員的隸屬關係。這種
嚴密的領屬關係確定了每個官員在等級制度　中的位置及職權[7]。下
面，根據《周禮》所載，將其生態職官分別加以簡略的考述。

6　具體參見彭林：〈《周禮》治官思想初探〉，《中國史研究》1991年第2期（1991年）；
　　《周禮主體思想與成書年代研究》（北京市：中國社會科學出版社，1991年），頁
　　106-107。

7　具體參見彭林：〈《周禮》治官思想初探〉，《中國史研究》1991年第2期（1991年）。

1 天官冢宰

天官冢宰又稱大宰，係百官之長。《天官冢宰》：

> 惟王建國，辨方正位，體國經野，設官分職，以為民極，乃立
> 天官冢宰，使帥其屬而掌邦治，以佐王均邦國。

鄭玄注曰：「冢，大也。宰者，官也。天者，統理萬物」；「變冢言大，進退異名也。百官總焉則謂之冢，列職於王則稱大。」宰在文獻中出現較早，商時期甲骨文和金文中即已存在，但只是宮內事務官。《史記殷本紀》：「帝武丁即位，思殷復興，而未得其佐。三年不言，政事決定於冢宰。」周公就曾以武王母弟的身份為諸宰之首，總管宮內事務。《左傳》定公四年（前690年）：「武王之母弟八人，周公為太宰。」而且，周公與周王關係密切，頗受信任，甚至可代周王傳命及參與外廷事務。《藝文類聚帝王部二》引《帝王世紀》云：「成王元年，周公為冢宰，攝政。」同時，冢宰職官體系也漸趨完備，《周禮》所載大宰直屬各級職官已有二百餘人（見表7-1）。

表7-1　《周禮》六卿官屬（總屬）

單位：人

總屬	正（卿）	貳（中大夫）	考（下大夫）	殷			輔			
				上士	中士	旅下士	府	史	胥	徒
天官	大宰1	小宰2	宰夫4	8	16	32	6	12	12	120
地官	大司徒1	司徒2	鄉師4	8	16	32	6	12	12	120
春官	大宗伯1	小宗伯2	肆師4	8	16	32	6	12	12	120
夏官	大司馬1	小司馬2	軍司馬4	8	16	32	6	16	32	320
秋官	大司寇1	小司寇2	士師4	8	16	32	6	12	12	120

據《周禮》，大宰「掌建邦之六典，以佐王治邦國」，具體「以八法治官府」、「以八則治都鄙」、「以八柄詔王馭群臣」、「以八統詔王馭萬民」、「以九職任萬民」、「以九賦斂財賄」、「以九式均節財用」、「以九貢致邦國之用」、「以九兩系邦國之民」，並在每年正月將其職守公示於眾，「歲終，則令百官府各正其治，受其會」。每三年召開所屬百官之長會議，全面考覈其工作業績，根據其治績的優劣，予以獎懲，即「三歲，則大計群吏之治誅賞之」。可見，大宰所司之職主要為政治和經濟方面的，其中以後者為主，是乃《禮記王制》所稱的「冢宰制國用，必於歲之杪，五穀皆入，然後制國用」。因此，大宰的基本職責是輔佐天子治理國政，為朝廷制定平衡國家物資等項法令制度。

在大宰及其所屬職官中，與生態環境或生態資源保護、利用相關的，主要有大宰、獸人、鱉人和醫師等。〈大宰〉：

> 大宰之職，……以九職任萬民：一曰三農，生九穀。二曰園圃，毓草木。三曰虞衡，作山澤之材。四曰藪牧，養蕃鳥獸。

「九職」即百姓藉以謀生的九種職業。「任」，鄭玄謂「猶事也」；賈疏〈大宰〉「六曰事典，以富邦國，以任百官」曰：「任謂任使，任使即事也」；而孔穎達則云：「事，猶立也。……欲使百官皆立其功也」。上述解釋均成立，任憑百姓從事各種職業，可以達到「立其功」即富裕的目的。「九職」中，與生態資源或環境相關聯者，乃所謂的「三農」、「園圃」、「虞衡」和「藪牧」，大致相當於今天的農業、林業和畜牧業。東漢鄭眾注「三農」為「平地、山、澤」，賈公彥疏則云：「三農謂農民於原、隰及平地三處營種」，都是說充分利用一切可能的土地資源，從事廣義的農業生產；任「園圃，毓草木」，

「謂在田畔樹菜蔬果蓏者」;「『藪牧養蕃鳥獸』者,謂在藪牧之民事業,使之長養蕃滋飛鳥走獸而已」。

上述「三農」、「園圃」、「藪牧」,俱言大宰任使百姓根據地形、土地等實際情況,充分利用不同的生態條件發展農業、畜牧業和園圃生產,其間與生態的聯繫是不言而喻的。但如何理解大宰之「虞衡,作山澤之材」呢?鄭玄注曰:「虞衡掌山澤之官,主山澤之民者。」賈疏云:「鄭既云『虞衡掌山澤之官』,復云『山澤之民者』,欲見虞衡是官,非出稅之人,以山澤之民無名號,故借虞衡之官,以表其民所在者任山澤之萬民。山虞、澤虞之官,非是以任出稅之物,但主山澤之民也。」賈公彥之疏未必允當。因為:

其一,所謂百姓「名號」者,三農、園圃和藪牧之民皆無,為何獨山澤之民需「借虞衡之官,以表其民所在者任山澤之萬民」,而其它地區之萬民則毋需借其相應之官「以表其民所在者」任之?

其二,「任山澤之萬民」的目的為何?難道不是「以任出稅之物」?前人認為,《周禮》乃理財之書,「《周官》一書,理財者居半」(《陸九淵集語錄下》)。顧頡剛也說「《周官》最重視理財,可以說沒有一個角落不曾著眼」於理財[8]。在《周禮》中,山林川澤已是官府一項重要的收入來源,《周禮》諸職官如山虞、林衡、川衡、澤虞的職責中,就有稅收管理一項。如《閭師》:「凡任民任農,以耕事貢九穀;任圃,以樹事貢草木;……任牧,以畜事貢鳥獸;……任衡,以山事貢其物;任虞,以澤事貢其物。」賈公彥對此所作的解釋則是:「謂任使萬民各有職事,有職事必有功,有功即有貢,故此論貢之法也。」

8　顧頡剛:〈「周公制禮」的傳說和〈周官〉一書的出現〉,《文史》第6輯(北京市:中華書局,1979年)。另見陳其泰等:《二十世紀中國禮學研究論集》(北京市:學苑出版社,1998年),頁218。

其三，據〈地官司徒〉相關篇目，虞衡的主要職責與作用是管理和保護山澤資源，以山虞、澤虞之官主山澤之萬民，其中也就賦予了山澤之萬民的生態保護責任。因此，筆者以為，山澤之民同虞衡之官一樣，具有保護山澤之意，而虞衡既掌山澤，又主管保護山澤之萬民。

獸人、漁人、鱉人為冢宰所屬職官，諸官之中士、下士等屬員，其人數由幾十人到百人不等，其主要職權是負責以時田獵和捕獲魚、鱉，以供王府和祭祀之需。但據《周禮》之〈獸人〉、〈漁人〉及鄭注、賈疏，獸人等獵獲獸、魚等物是有一定前提的：

第一，「辨其名物」，即「野獸皆有名號物色」，對之加以認真的辨識是獸人等職責之一。此一規定，有利於了解並深入認識生態資源特別是動物資源。正是由於長期的「辨其名物」實踐，古人認識到「狼膏聚，麋膏散，聚則溫，散則涼」等生物特性及其功效，並將之用於「救時之苦」，所以獸人才有「冬獻狼，夏獻麋，春秋獻獸物」的相關職責。

第二，取之以「時」。獸人「掌罟田獸，……時田則守罟」；漁人「掌以時漁為梁」，「以時取之」。

另外，在冢宰屬官之中，還有專門掌醫事的職官──醫師、疾醫和獸醫。「醫師掌醫之政令，聚毒藥以共醫事。凡邦之有疾病者、疕瘍者造焉，則使醫分而治之」；「疾醫掌養萬民之疾病，四時皆有癘疾。春時有痟首疾，夏時有癢疥疾，秋時有瘧寒疾，冬時有嗽上氣疾。……凡民之有疾病者，分而治之，死終則各書其所以，而入於醫師」；「獸醫掌療獸病，療獸瘍」（《周禮》之〈醫師〉、〈疾醫〉、〈獸醫〉），但據賈公彥疏，獸醫「唯療家畜，不療野獸」，也就是百姓家中用於農業生產的畜獸或國家禁苑之獸，與今天對野生動物進行醫治的保護不可同日而語。

2 地官司徒

　　司徒，金文多作「司土」。據〈地官司徒〉，司徒的職責是「帥其屬而掌邦教，以佐王安擾邦國」。鄭注：「象地所立之官。司徒主眾徒，地者載養萬物。」賈疏稱地官所立之官「皆法地」。因此，司徒的主要職責，就是掌管人民的教化和土地資源，其中後者包括園林、山場和牧地等在內[9]。還有學者則乾脆認為：「司徒簡單說來就是農官。金文作司土，司徒都是主農之意。司土就是管理土地，司徒就是管理在土地上以從事勞作的農業生產者。這在〈地官司徒〉這一部分的記述中是講得很具體明白的。至於教化一項，也是與土地的種植等等密切相關的。」[10]

　　據〈大司徒〉，地官司徒之長——大司徒，總「掌建邦之土地之圖，與其人民之數」，其中涉及生態者主要有：

　　第一，「以天下土地之圖，週知九州之地域廣輪之數，辨其山林、川澤、丘陵、墳衍、原隰之名物」。也就是對國土總的情況有一個全面的了解和掌握，辨別不同地形及其所產名物，這是搞好國土整治、規劃和利用的前提與基礎。那麼，用什麼方法來辨別「名物」呢？這就要運用所謂的「土會之法」：

> 以土會之法，辨五地之物生。一曰山林，其動物宜毛物，其植物宜皂物，……二曰川澤，其動物宜鱗物，其植物宜膏物，……三曰丘陵，其動物宜羽物，其植物宜覈物，……四曰墳衍，其動物宜介物，其植物宜莢物，……五曰原隰，其動物宜臝物，其植物宜叢物。

9　王宇信等：《中國政治制度通史》（北京市：人民出版社，1996年），卷2,〈先秦〉，頁335。

10　張亞初等：《西周金文官制研究》（北京市：中華書局，1986年），頁8-9。

何為「土會之法」？賈疏曰：「會，計也，以土地計會所出貢稅之
法。貢稅出於五地，故須說五地所生不同也，故云以土會之法也。」
也就是根據土壤的質地等性質、所處位置和數量等自然的、人文的綜
合因素，來核定交納賦稅的辦法。但從上列「五地」之名稱看，這種
「土會之法」慮及的，當以土地所在的地理位置或地勢為多。「土會
之法」把人類、動植物和水土的關係講得十分透徹，包含著相當可貴
的科學內容，為人們在規劃農田水利、辨別土宜及防止水土流失等方
面都提供了許多寶貴的經驗。

　　第二，「以土宜之法，辨十有二土之名物，以相民宅，而知其利
害，以阜人民，以蕃鳥獸，以毓草木，以任土事。辨十有二壤之物，
而知其種，以教稼穡樹藝」。所謂「土宜」，就是各種土地對不同人、
物各有所宜。賈疏云：「十二土各有所宜不同，所出之物及名皆異」；
孫詒讓《周禮正義大司徒》曰：「即辨各土人民、鳥獸、草木所宜之
法也。」鄭注「蕃，蕃息也。育（毓），生也。任，謂就地所生，因
民所能」。可知大司徒此一職責，就是讓人民、鳥獸、草木在其所宜
的土地上稼穡、蕃息。

　　第三，把包括稼穡、樹藝、作材、阜蕃等生態職責在內的十二
「職事」公諸「邦國都鄙」，接受「萬民」的監督。雖然十二職事和
大宰「以九職任萬民」中的八職相重疊，但據賈疏，因為大宰係「尊
官」，只限於「總知其數」，而「此司徒是主民之官，親自頒行」十二
「職事」目的是在於實踐即執行，所以「大宰既掌之，此又重掌者」
並向「邦國都鄙」公佈，其「義各有異也」。

　　地官司徒共有職官七十八，為「六卿」之中官職最多的一卿。除
大司徒之外，其它具有生態資源管理和利用職能的職官還有：

　　載師、縣師，皆主舉國境內的土地利用，前者有上士、府、徒等
共七十八人，後者則達百人。載師「掌任土地之法」，在於提高土地

的利用率。〈載師〉:「凡宅不毛者有裏布,凡田不耕者出屋粟,凡民無職事者,出夫家之征。」賈疏曰:「以草木為地毛,民有五畝之宅,廬舍之外,不樹桑麻之毛者,罰以二十五家之稅布。」據鄭注,對不盡心於土地者處之以「出夫家之征」,目的在於「令宅樹桑麻」,促進土地利用;據〈縣師〉,縣師「掌邦國都鄙稍甸郊裏之地域,……凡造都邑,量其地,辨其物,而制其域」,亦即控制公卿大夫等土木工程對土地佔用的規模,並根據佔用地之「名物」的情況「而制其域」,限制其佔用土地的區界範圍,尤其是「名山大澤不以封」。

司市為主管市場交易的專門官職。〈司市〉:司市「掌市之治教政刑,量度禁令。……凡市偽飾之禁,在民者十有二,在商者十有二,在賈者十有二,在工者十有二」。據鄭注、賈疏,「四民」十二禁中就包括禁止貿易動、植物等自然資源,具體可從以下兩方面來理解:一為《禮記王制》所言的「五穀不時,果實未孰,不粥於市;木不中伐,不粥於市;禽獸魚鱉不中殺,不粥於市」;二為如《禮記月令》孟春之月「禁止伐木。毋覆巢,毋殺孩蟲、胎、夭、飛鳥,毋麛,毋卵」和《禮記王制》「獺祭魚,然後虞人入澤梁」等「時禁」。五穀、果實、樹木和禽獸魚鱉等只有在長大、成熟後,方可在一定的時間內收穫、交易,如「草木零落」的季秋時節,才能「伐薪為炭」。當然,這只是針對正常年份而言的,災荒時期則不受此限制。如大司徒掌管賑濟災荒,「以荒政十有二,聚萬民」。十二種救荒措施中,就含有「舍禁」:「大荒、大劄,則令邦國移民通財、舍禁」[11],即「謂山澤之內,舊遮禁不聽人入者,令皆舍而不禁,容民去蔬食也」(《周禮大司徒》及賈疏)。

---

11 鄭注:「大劄,大疫病也。」

遂人。「《周官》中最重要的部分是地方制度」[12]。按周代制度，京城百里內為「鄉」，共六鄉；百里以外二百里之內為「遂」，共六遂，是直屬於王的；遂以外為「稍」、「縣」、「都」，是卿、大夫及王子、弟的采邑。遂之長為遂人，爵中大夫；每遂有遂師，管理政務。〈遂人〉：「遂人掌邦之野，以土地之圖，經田野」，「辨其野之土，上地、中地、下地，以頒田裏」，「教之（即百姓——引者注）稼穡」。規定：「凡治野，夫間有遂，遂上有徑。十夫有溝，溝上有畛。百夫有洫，洫上有塗。千夫有澮，澮上有道。萬夫有川，川上有路，以達於畿。」遂等為通水之溝渠，徑等為交通之路徑，要求道路「皆有地域溝樹之」。可見，遂人主要負責國土的整治與規劃工作，對田間遂、溝、洫、澮、川等水利灌溉管道進行管理，其中包括在溝渠、道路兩旁植樹造林。

草人，掌管田地除草和土地利用。鄭注《草人》：「草，除草」，說明草人負有除草之責。〈草人〉又云：「草人掌土化之法，以物地，相其宜而為之種。凡糞種，騂剛用牛，赤緹用羊，墳壤用麋，渴澤用鹿，咸舄用貆，勃壤用狐，埴壚用豕，強堅用蕡，輕爂用犬。」即草人還有根據各地土質的不同而指導用肥和發展農業生產的職責。

稻人。種植水稻離不開水利。因此，根據〈稻人〉，冠之於「稻」字的職官——「稻人」——的主要職責就是「掌稼下地，以豬畜水，以防止水，以溝蕩水，以遂均水，以列舍水，以澮寫水，以涉揚其芟，作田。凡稼澤，夏以水殄草而芟夷之。澤草所生，種之芒種。旱暵，共其雩斂。喪紀，共其葦事」。概而言之，就是興水之利，防水之害。具體地說，則包括以下幾點：

---

12 顧頡剛：〈「周公制禮」的傳說和〈周官〉一書的出現〉，《文史》第6輯（北京市：中華書局，1979年）。另見陳其泰等：《二十世紀中國禮學研究論集》（北京市：學苑出版社，1998年），頁210。

首先，保證水之蓄泄暢通，滿足稼穡水利之需。

其次，藉水之「利」除害，夏季高溫時節「以水殄草而芟夷之」。

再次，「澤草所生，種之芒種」。鄭司農云：「澤草之所生，其地可種芒種。芒種，稻麥也。」賈疏：「水鍾曰澤，有水及咸鹵，皆不生草，即不得芒種，故雲草所生。」足見「澤草所生，種之芒種」，就是在適宜的「下地」種植水稻。

最後，「旱暵，共其雩斂。喪紀，共其葦事」，即求雨、止雨。稻是水穀，夏季生長需要充沛的水量，一旦出現旱情，按古代之法，則要舉行雩祭即求雨儀式。求雨是「巫」之職責，其儀式應由「巫」主持[13]，但稻人乃「掌稼下地」的水利專官，所以由巫與稻人「共其雩斂」。歲、月、日、星辰、曆數稱五紀，《尚書洪範》：「五紀，一曰歲，一曰月，一曰日，一曰星辰，一曰曆數。」孔穎達疏：「凡此五者，皆所以紀天時，故謂之五紀也。」《說文艸部》：「葦，大葭也。」《廣韻尾韻》：「葦，蘆葦。」孔穎達疏《詩經七月》「七月流火，八月萑葦」曰：「初生為葭，長大為蘆，成則名為葦。」鄭玄注「共其葦事」說「葦以闉壙御濕之物」，闉即塞，壙為墳墓，蘆葦有防禦潮濕的功效，所以被用於墓葬，同時也被用來防洪。另據《呂氏春秋》商湯始得伊尹「熏以萑葦」、蔡邕《獨斷》驅鬼時用「葦索」等記載，蘆葦還有驅邪的作用。喪紀就是五紀失常，陰陽失衡，雨水失時，以致水潦成災；「共其葦事」就是稻人在「喪紀」的情形下，一方面與巫一併持「葦」祈晴、止雨，同時又要用蘆葦等物資防禦洪水。

在《周禮》所有的職官中，與現代意義上的生態保護最為接近的

---

13 《周禮‧司巫》：「司巫掌群巫之政令，若國大旱，則帥巫而舞雩。國有大災，則帥巫而造巫。」又〈女巫〉：「女巫掌歲時祓除釁浴，旱暵則舞雩。」另見陳業新〈兩漢祈雨禮俗初探〉，收入《中國社會歷史評論》第4卷（北京市：商務印書館，2002年）、《災害與兩漢社會研究》（上海市：上海人民出版社，2004年）。

職官當為虞衡，即山虞、澤虞、川衡、林衡等。鄭注、賈疏〈地官司徒〉云：虞，度也，度知山、澤的大小及其物產；衡，平也，保護山林諸物的平衡。「建置（山虞、林衡和川衡——引者注）這類職官的主要目的在於『平其守』，又以『衡』為名，既『平』且『衡』，可知古人對生態保護之關切」[14]。

　　據《地官司徒》，山川沼澤因其大、中、小而都配有一定的人員以分別守護之，山虞、澤虞、川衡和林衡編制人員共計近九○○人（見表7-2）。〈山虞〉：山虞「掌山林之政令，物為之屬，而為之守禁。仲冬斬陽木，仲夏斬陰木。凡服耜，斬季材，以時入之。令萬民時斬材，有期日。凡邦工入山林而掄材，不禁。春秋之斬木不入禁。凡竊木者有刑罰」。即山虞掌管制定管理和保護山林的政策、法令與條例，包括關於森林採伐的法令和懲治濫伐林木者的法令。根據各種林木生長的特殊環境，為那些守護山林且從事山林生產的工作人員設立各種禁令，劃定範圍界限，不准他人擅自進入。仲冬（農曆十一月）砍伐在山南生長的樹木，仲夏（農曆五月）砍伐生長在山北的樹木。草木零落的十月，百姓才可進入山地斬伐樹木，且不能超過一定的時限。不過國家因工事需要而進山選砍適當的木材，則不受上述時間的限制。若非萬民入山採伐之時而盜伐山林者，則要處之以刑罰。山虞為管理山林的職官，因此春秋時節百姓砍伐山林「守禁」以外的四野樹木，則不在其管禁的範疇之內，具體由林衡來負責。

---

14 陳偉武：〈從簡帛文獻看古代生態意識〉，收入李學勤等：《簡帛研究》第3輯（南寧市：廣西教育出版社，1998年）。

表7-2　《周禮地官司徒》所載虞衡編制

機構		編 制 人 數						
		中士	下士	府	史	胥	徒	合計
山虞	大山	4	8	2	4	8	80	106
	中山	/	6	/	2	6	60	74
	小山	/	2	/	1	/	20	23
林衡	大林麓	/	12	/	4	12	120	148
	中林麓	/	6	/	2	6	60	74
	小林麓	/	2	/	1	/	20	23
川衡	大川	/	12	/	4	12	120	148
	中川	/	6	/	2	6	60	74
	小川	/	2	/	1	/	20	23
澤虞	大澤大藪	4	8	2	4	8	80	106
	中澤中藪	/	6	/	2	6	60	74
	小澤小藪	/	2	/	1	/	20	23
合計		8	72	4	28	64	720	896

　　〈林衡〉：林衡「掌巡林麓之禁令，而平其守。以時計林麓而賞罰之。若斬木材，則受法於山虞，而掌其政令」。麓即山腳，毛傳《詩經旱麓》「瞻彼旱麓」云：「麓，山足也」。清人段玉裁《說文解字注林部》「麓」謂「蓋凡山足皆得稱麓」。又有把生長在山腳的樹木稱為麓者。如《說文林部》「林屬於山為麓」；《風俗通義山澤》：「麓，林屬於山者也」。由此二義，引出「麓」之第三意：看護山林或苑囿的吏員。《說文林部》釋「麓」為「守山林吏也」；三國韋昭注《國語晉語》「主將適螻而麓不聞」云：「麓，主君苑囿之官」。這裏麓的「守山林吏」之意，正是從《周禮》林衡「掌巡林麓之禁令」的

職責發展而來的。林衡主要負責山麓及平地林木的管理與保護，但據賈疏，具體執行守護各個地區林麓任務者乃平民，並且因為「林麓在平地，盜竊林木多者，故須巡行者眾，以是胥徒特多」於山虞之胥徒數量。林衡則負責按時考覈他們守護林麓的功績，有功者賞之，林麓受損者則罰之。「若斬木材，則受法於山虞」，表明砍伐林木，必須遵守山虞制定的採伐法令。可見，山虞與林衡間存有一定的隸屬關係，山虞有制定法令的權力，由山虞制定的法令對林衡具有約束作用，林衡則為具體法令的執行者，沒有制定法令的許可權，只「受法於山虞」。

川衡。據《說文川部》，川乃「貫穿通流水」之處，即河道；鄭玄注〈地官司徒〉謂川為「流水也」。在《周禮》中，掌管河流的職官稱川衡，在某些地區「澤與川連者，則川衡兼掌之」。所以，〈川衡〉在記載川衡的職責時說：「川衡掌巡川澤之禁令，而平其守。以時舍其守，犯禁者執而誅罰之。」賈公彥疏「平其守」為「平知川之遠近寬狹及物之所出」，滌除九州之川，使「泉源無擁塞矣」；「『舍其守』謂川衡之官時復巡行所守之民，當案視其所守，守人當於其舍，申重戒飭之也」。可見，川衡的主要職責是保證河流的暢通，而不是以往學者所言的「保護川澤動植物資源」。同時，川衡和林衡一樣，具體執行任務者也是民間百姓，川衡的責任就是按時巡查「所守之民」，並多加申飭、教育，讓他們恪守職責，而對於其中違禁者則嚴懲不貸。另據賈疏，由於「川路長遠，巡行勞役」，川衡「官及胥徒多」至與林衡官胥徒同，大、中、小川編制分別有一四八人、七十四人和二十三人。

澤虞。「澤」為地窪聚水之所，如湖澤等。《周禮》中掌管湖澤的職官稱澤虞，具體負責制定管理與保護湖澤資源的政策法令，在湖澤周圍設立藩籬界限，並任命當地居民對之加以守護，按時占取，向王

府交納皮角珠貝等產品，以抵充賦稅，「然後得取其餘以自為也」。是為〈澤虞〉中所云的「澤虞掌國澤之政令，為之厲禁，使其地之人，守其財物，以時入之於玉府，頒其餘於萬民」。另據賈疏，與河流呈線狀分佈而悠遠不同，湖澤的片狀分佈，使得和巡行河川相比，湖澤巡行處較近，所以巡行大澤的胥徒遠比巡行大川的胥徒要少。

負責保護野生動物的職官是跡人：「跡人掌邦田之地政，為之厲禁而守之。凡田獵者受令焉，禁麑卵者，與其毒矢射者。」鄭玄說：「田之地若今苑也」。賈疏則曰：「有禽獸之處則為苑囿，以林木為藩，羅使其地之民遮厲守之。故鄭云『田之地若今苑也。』」可見，跡人所掌之苑囿，並非後來意義上的園林，其內的動物亦非設園後所豢養，而是在全國範圍內禽獸經常出沒的山澤等處因地而置，並頒佈法令，禁止獵取孕獸、幼獸和攫取鳥卵，以及傾覆鳥巢和使用毒箭，以保護其內的野生動物種群能夠正常地生長、繁衍。因此，所有的田獵活動必須遵守四時禁令，由夏官司馬所屬相應職官依時主持田獵，而且嚴禁探取禽卵和獵殺幼小禽獸，不得用毒藥射殺禽獸等。而後來意義上的園囿內所養的禽獸則由囿人專職管理。〈囿人〉：「囿人掌囿遊之獸禁，牧百獸，祭祀喪紀賓客，共其生獸死獸之物。」囿內的百獸主要用於祭祀、宴樂觀賞等。

丱人。金玉等礦產資源是財富的象徵與代表，國家因此一般嚴加控制，不肯輕易放手民間開採；另一方面，任憑私人胡亂開採礦產，容易導致水土流失，發生災害。如西漢時期的貢禹，就批評了當時社會上肆意採礦鑄錢直接導致水旱災害多發的行為（《漢書貢禹傳》）。

在《周禮》中，負責礦產資源保護、利用的職官是丱人。〈丱人〉：「丱人，掌金玉錫石之地，而為之厲禁以守之。若以時取之，則物其地圖而授之。巡其禁令。」

丱人還肩負著金玉等礦產資源產地——山地——的保護任務，在

其周邊設立藩界，讓當地百姓守護，並向守護者申明禁令。採掘礦產也有嚴格的時間規定，採挖者要按照卝人所授的礦藏分佈地圖而有序地進行。

3 春官宗伯

據〈春官宗伯〉，宗伯及其屬官為禮官，專「掌邦禮，以佐王和邦國」。春官屬官七十，在六卿中，其屬官數量次於地官和夏官之屬，位居第三，但其職責大多專司吉、凶、賓、軍、嘉「五禮」之某一方面，與生態資源的管理、保護與利用干係並不十分密切，但也有少數職官的個別職守部分地間接涉及生態。如據《大宗伯》，春官之長大宗伯總掌國家天地人神鬼之禮，其中的「以禮樂合天地之化，百物之產，……以諧萬民，以致百物」的職責，就是以人事順應天地萬物，以求得天人和諧，百物不竭，其職責即與生態關聯密切。但這在春官屬官所有的職責中甚為稀少。

4 夏官司馬

職官司馬為武官，掌管軍政與軍賦。司馬早在殷商時期就已經出現，《史記周本紀》記載武王在牧野誓師曰：「嗟！我有國冢君，司徒、司馬、司空。」在《周禮》中，夏官司馬及其屬官主「掌邦政，以佐王平邦國」。賈公彥疏之云：「夏，整齊萬物，天子立司馬，共掌邦政，政可以平」，所掌之職仍限於軍事領域。但在司馬所屬六十五職官中，有些職官的職能卻旁及生態資源的管理和保護，只是這些部分性的生態職能，大多表現為對生態資源的調查和基本情況的掌握等方面。

火政為司爟所司五職之一。〈司爟〉：司爟「掌行火之政令，四時變國火，以救時疾。季春出火，民咸從之。季秋內火，民亦如之。時

則施火令。……凡國失火，野焚萊，則有刑罰焉」。《說文火部》云：「舉火曰爟」。古代祭祀多爟火。《呂氏春秋本味》：「爛以爟火，靉以犧猳。」高誘注曰：「火者，所以祓除其不祥」；另據《廣韻換韻》：「爟，烽火」。司爟為軍事武官——夏官司馬——的屬官，其職責也應與夏官司馬之責一致，以軍事方面為主。因此，司爟所掌「行火之政令」當為軍事報警烽火，並根據四時的不同而季節性地變化烽火。百姓隨意焚燒野草，一則可引起火災，同時也容易與烽火相混淆，進而導致國家混亂，所以是被嚴禁的，以身試法者將受到刑法的懲處：「野焚萊，則有刑罰焉」；但司爟會依時發出施火的命令，「時則施火令」，鄭玄注「時」為「焚萊之時」，以滿足民間生產焚萊之需。可見，司爟掌管民間用火的職責是由其所司軍事烽火之責延伸而來的，客觀上它卻起到了保護森林、草原等生態資源的作用。

〈司險〉：司險「掌九州之圖，以週知其山林川澤之阻，而達其道路。設國之五溝五塗，而樹之林以為阻固，皆有守禁」。「五溝」即〈遂人〉中所載的布於邦國四野之遂、溝、洫、澮、川等，「五塗」即徑、畛、塗、道、路等。同遂人一樣，司險不僅負責建造五溝、五塗，保證其暢通，而且還要在溝、塗兩邊植樹造林作為藩落，加固諸排灌管道與道路。只不過從區域範圍而言，遂人所司，僅限於京城百里以外、二百里以內的「六遂」之地，而司險所掌則為「九州」，即全國性的。

據〈牧師〉，牧師掌管牧地，訂立、頒佈相關禁令，正月協助山虞焚燒牧地陳草以利新草滋生，二月灌溉牧地。「牧師掌牧地，皆有厲禁而頒之。孟春焚牧，中春通淫。掌其政令，凡田事贊焚萊」。

另外，〈職方氏〉、〈邍師〉、〈山師〉、〈川師〉又載，職方氏主掌九州域內大生態系統，週知境內主要山鎮、澤藪、川浸、物產、男女、畜種和穀類等國土資源狀況（見表7-3）；邍師「掌四方之地

名，辨其丘陵墳衍邍隰之名」，這些是生態資源規劃、管理和利用的基礎與前提；山師和川師分別掌管國土內山林、川澤之名，「山師掌山林之名，辨其物，與其利害，而頒之於邦國」，以便向朝廷貢獻「其珍異之物」資源及其名物。

表7-3　《周禮職方氏》所載九州「大生態系統」

區位	州名	山鎮	澤藪	川	浸	利	民性別比	畜宜	谷宜
東南	揚州	會稽	具區	三江	五湖	金錫竹箭	二男五女	鳥獸	稻
正南	荊州	衡山	雲夢	江漢	潁湛	丹銀齒革	一男二女	鳥獸	稻
河南	豫州	華山	圃田	滎洛	波溠	林漆絲枲	二男三女	六擾	五種
正東	青州	沂山	望諸	淮泗	沂沭	蒲魚	二男二女	雞狗	稻麥
河東	兗州	岱山	大野	河泲	廬維	蒲魚	二男三女	六擾	四種
正西	雍州	嶽山	弦蒲	涇汭	渭洛	玉石	三男二女	牛馬	黍稷
東北	幽州	醫無閭	豯養	河泲	菑時	魚鹽	一男三女	四擾	三種
河內	冀州	霍山	楊紆	漳	汾潞	松柏	五男三女	牛羊	黍稷
正北	并州	恒山	昭余祁	虖池嘔夷	淶易	布帛	二男三女	五擾	五種

5 秋官司寇

據〈秋官司寇〉，刑官之屬秋官司寇及其屬官「掌邦禁，以佐王刑邦國」。唐賈公彥《周禮注疏原目》引《漢鄭氏目錄》曰：秋官司寇「象秋所立之官。寇，害也。秋者，遒也，如秋義殺害收聚斂藏於萬物也。天子立司寇，使掌邦刑。刑者，所以驅恥惡，納人於善道也」。主刑司寇在周初即已設置。《尚書周官》：「司寇掌邦禁，詰姦慝，刑暴亂」；其《立政》篇又云：「周公若曰：『太史！司寇蘇公，

式敬爾由獄，以長我王國，茲式有慎，以列用中罰。」《左傳》成公十一年（前580年）：「昔周克商，使諸侯撫封。蘇忿生以溫為司寇」。杜預注曰：「蘇忿生，周武王司寇蘇公也。」秋官司寇屬官六十六，其職責關涉生態資源者有士師、職金、雍氏、柞氏等。

〈士師〉：士師「掌國之五禁之法，以左右刑罰。一曰宮禁，二曰官禁，三曰國禁，四曰野禁，五曰軍禁，皆以木鐸徇之於朝，書而縣於門閭」。據鄭玄注，「左右，助也。助刑罰者，助其禁民為非也」。表明五禁對刑罰具有輔助、補充的作用。五禁的第四禁為野禁，鄭玄注云「野有《田律》」，但又稱「其粗可言者」；賈疏：「古之禁盡亡矣」，所以鄭注只能「舉漢法以況之，……古之禁書具不惟如此」。可見，野禁的具體內容為何，在東漢時已無從知曉，鄭玄只得以秦漢時期的《田律》相喻，然野禁究竟與《田律》有無聯繫，或有多少的聯繫，我們不得而知。不過，如「野禁」果真與秦漢時期的《田律》具有同樣的性質與規定，那麼，士師在周代生態保護中的作用可謂十分重要和突出了。

秋官屬官中，與地官屬官卝人並管礦產資源的是職金。〈職金〉：職金「掌凡金玉錫石丹青之戒令」，負責相關法規的制定與執行，對違規者進行處罰。據賈公彥疏，職金與卝人在礦產資源的管理方面有明確的職責分工：地官卝人所主為「以時取之」，即負責礦產的開採，而職金所司乃「主其藏」即負責礦藏的保護，從而在礦產資源的管理方面，形成「二官共主之」的局面。

秋官屬官雍氏，從鄭玄注《周禮秋官司寇》「雍謂堤防，防止水者」可知，其職責是「掌溝瀆澮池之禁」，具體負責水利、堤防事宜。凡是對農田水利有害的活動都予以禁止，春季下令修築利於「國稼」及百姓的溝、瀆、澮、池，秋季則下令堵塞用以捕獲野獸的陷阱。同時，雍氏還兼有「禁山之為苑、澤之沉者」之任，防止民間擅

自占山為苑囿和用藥毒殺魚及水蟲之屬。

《周禮萍氏》：萍氏「掌國之水禁，……禁川遊者」。水禁包含兩個方面的具體內容：一是入水捕獲魚鱉不時。根據《月令》等記載，古代捕獲魚鱉等水物有一定的時限，否則就被視為違禁而受到處罰；二是水中或有深泉洪波沙蟲水弩等不安全因素存在，隨意入水會溺水，因此包括「川遊」等在內的行為都被列為「水禁」之列。

《周禮》重視對有益於人類的生產、生活等生態資源的保護，同時對那些於人類生態環境不利或構成威脅的自然資源如猛獸等，也要求予以除卻。秋官主刑，揚善除惡，除害也為其職責之一，因此秋官之屬肩負著除害的任務應該說是順理成章的。秋官中，除害的相應職官主要有冥氏、庶氏、穴氏、翟氏、硩蔟氏和柞氏、薙氏等，被除的對象既有動物如猛獸、毒蟲、猛鳥等，也有植被如田間雜草等。

冥氏的職責是除猛獸，《周禮冥氏》所載的具體方法是：「設弧張，為阱擭以攻禽獸，以靈鼓驅之。若得其獸，則獻其皮、革、齒、鬚備。」鄭注：「弧張，罿、罦之屬。」罿、罦，《說文》將之歸於「網」部，均為古代設有機關的捕獲鳥獸之網。《爾雅釋器》：「罿，罬也。罬謂之罦。罦，覆車也。」郭璞注：「今之翻車也。有兩轅，中施罥以捕鳥。」如《詩經兔爰》：「有兔爰爰，雉離於罿」；《淮南子主術》：「豺未祭獸，罝罘不得布於野」。就是採用弓箭、繩網諸工具和陷阱、鼓樂等多種手段相驚擾，使猛獸冥然不知而被獲。另據賈疏，「猛獸有不得之法，故云若以不定之言也。若得猛獸之時，猛獸之肉不堪人啖，故當獻其皮、革、鬚備也」。而捕獲熊羆等冬季蟄伏巢穴的猛獸，則由穴氏專門從事。具體辦法是「各以其物火之」，即「將攻之，必先燒其所食之物於其外以誘出之」，如此「乃可得之」，並「以時獻其珍異皮革」（《周禮穴氏》及鄭注）。

庶氏的職守為用「嘉草攻」「除毒蟲（即毒蟲──引者注）」。據

鄭注，嘉草即藥草，究竟為何，具體未聞。攻除的辦法就是燃燒藥草，熏驅毒蟲。「凡驅蟲，則令之比之」。因為藥草有毒，燃熏時於人亦不利，甚至可能導致「殺人眾」的惡果，「故須校比之」。鄭注曰：「毒蟲，毒物而病害人者。《賊律》曰：『敢蠱人及教令者，棄市。』」看來，所謂的「校比之」，可能就是對借助「驅蟲」而「殺人」的行為，比照《賊律》而處之以「棄市」。

　　翨氏和柞蔟氏分別掌管攻捕猛鳥與搗毀夭鳥巢穴之事。翨為鳥類生在翼後緣和尾部的正羽，翨氏以之為官名，不難而知其部分職責與捕獲鳥類有關。猛鳥即鷹隼之屬，翨氏攻取猛鳥時，「各以其物為媒而掎之」。即把猛鳥喜食之物放在網中，猛鳥飛下捕食則網纏其爪。捕獲猛鳥後，將鳥之羽翮，也就是翨獻至王府。在《禮記》之〈王制〉和〈月令〉等文獻中，屢見「不覆巢」、「無覆巢」等記載，即不要搗毀鳥巢，以保護鳥類產卵、孵化。而〈柞蔟氏〉中的柞蔟氏，則專門負責搗毀鳥巢的任務，但這與《禮記》之載並不相乖，因為柞蔟氏所搗毀者為夭鳥之巢。據鄭注和賈疏，所謂的「夭鳥」，就是夜間「惡鳴之鳥，若鴞鵩」者，人們視之為不吉祥的徵兆，所以國家不惜設立專門職官，掌管「覆夭鳥之巢」之事。

　　秋官司寇屬官柞氏掌管「攻草木及林麓」的政令，除卻土地上的雜草和樹木。據賈疏，「攻草木及林麓」的目的，「皆擬後年乃種田」，是墾闢土地之首需。然而，即使是這類的除草木，也有一定的時間等規定，「除木者，必先校剝之」，「夏日至，令刊陽木而火之。冬日至，令剝陰木而水之」，「使其肄不生」；除草則在春、秋之時各以水、火淚、焚之，以之為糞肥田，以利「土和美」。中國古代利用有機肥的歷史悠久，據專家考證，殷墟甲骨文中就有「糞田」二字；《詩經良耜》中有「以薅荼蓼，荼蓼朽止，黍稷茂止」的詩句，表明當時已經知道並實際運用了腐爛荼蓼以肥田的方法；又《禮記月令》

曰：除草以水、火，燒灰、浸泡、漚腐，不僅可以殺草，而且還「可以糞田疇，可以美土疆」。

《周禮薙氏》：薙氏「掌凡殺草之政令」，「春始生而萌之，夏日至而夷之，秋繩而芟之，冬日至而耜之」。「萌之」即春季雜草剛萌芽時而斫之；「夷之」乃夏季雜草生長之時用鉤鐮等農具鋤薙之；據鄭注，「（草）含實曰繩」，「芟之」即「迫地芟之也，……芟其繩則實不成孰」；「耜之」即「耜之以耜」，冬季用耜鋤劃凍土，一則可以破壞雜草根，二則可使「地和美」而利「春種」。並且「以水火變之」相輔，「以火燒其所芟萌之草，已而水之，……利以殺草，如以熱湯」，「則其土亦和美」。據賈公彥疏，雖然柞氏也「掌攻草木」，但與薙氏所主有所異，「此柞氏與薙氏治地，皆擬後年乃種田，但下有薙氏除草，此柞氏攻木兼云草者，以攻木之處有草兼攻之，故云草也」，二者有明確的職責分工，但其目的則是一致的，即「除惡」而使「土和美」。

6 冬官司空

職官「司空」，金文作「司工」，西周始置，春秋戰國時沿置，後世沿襲但迭變，主要執掌工程事宜。《周禮》產生於戰國晚期，時局紛亂，且中經秦朝始皇帝「焚書」、「坑儒」和秦末年兵燹，其命運注定多舛。西漢初年，統治者「開獻書之路」，復得《周禮》，然其《冬官司空》已散佚，漢政府雖出千金購之而不得。於是，好事者河間獻王劉德便以《考工記》而補之，是為今之所見《冬官考工記》。筆者妄揣，綴補者之所以把《考工記》補入《周禮》之〈冬官〉部分，所據殆為《考工記》之「國有六職，百工與居一焉」的記載，鄭玄注之云：「百工，司空事官之屬，於天地四時之職亦處其一也。司空掌營城郭，建都邑，立社稷宗廟，造宮室車服器械。」然《考工記》乃一

記百工之事的科技文獻，與《周禮》作者之旨趣和冬官司空的職責均差異甚大。因此，將《考工記》附諸《周禮》之〈冬官〉，顯係不妥。另據《荀子王制》載，「論百工，審時事，辨功苦，尚完利，便備用，使雕琢文采，不敢專造於一家，工師之事也」。可見，「掌百工器用耒耜弓車之屬」乃工師之事，與冬官司空無干。那麼，冬官司空的職責究竟為何呢？我們不妨嘗試從旁側理推之：

首先，〈小宰〉載：「冬官，其屬六十掌邦事，大事則從其長，小事則專達。」可知冬官司空下屬職吏有六十。然而，何謂邦事？《小宰》又載云：「以官府之六職，辨邦治：……六曰事職，以富邦國，以養萬民，以生百物。」可見，冬官司空掌管邦事，以富國、養民、生物。

其次，《禮記王制》曰：「司空執度度地，居民山川沮澤，時四時，量地遠近，興事任力，凡使民，任老者之事，食壯者之食。」

鄭玄注云：「司空，冬官卿，掌邦事者。度，丈尺也。山川沮澤，時四時，觀寒暖燥濕。沮，謂萊沛。量地遠近，制邑井之處。事，謂築邑、廬、宿、市也。任老者之事，食壯者之力，寬其力，饒其食。」

孔穎達疏云：「司空執丈尺之度，以量度於地居處於民，觀山川高下之宜，沮澤浸潤之處，又必以時候此四時，知其寒暖。」

清人孫希旦則認為：「山川有陰陽嚮背之宜，沮澤有水泉灌溉之利，候四時以驗其氣候寒暖之異，量遠近以定其序、井、邑、居之處，此皆度地之事也。度地既定，然後興役事，任民力，而築為城郭宮室以居之。任老者之事，寬其功程，食壯者之食，憂其廩給，此又承『興事任力』，而言其寬恤之政也。」

鄭玄等人所言設置司空的目的，與〈小宰〉篇所云司空的職責較為接近。

最後，《尚書周官》：「司空，掌邦土，居四民，時地利。」孔安國注曰：「冬官卿主國空土，以居民士農工商四人，使順天時，分地利，授之土，能吐生百穀，故曰土。」

綜上所述，可知：

其一，司空所掌「邦事」乃「邦土之事」，也就是《後漢書百官志一》所載的「水土事」──「四方水土功課」等，而以「營城起邑」為其首，即《禮記王制》所載諸事。司空根據山川四時等自然具體情況，「量遠近以定其廬、井、邑、居之處」，適度地興力役、築城郭宮室以居民，使百姓安居樂業、富裕，與《考工記》所載百工之職的內容和鄭玄「立社稷宗廟，造宮室車服器械」之注不一。唐代學者孔穎達已注意到此一區別，他在注《尚書周官》「司空掌邦土」時說：「《周禮》冬官亡，〈小宰〉職云六曰冬官，掌邦事。又云六曰事職，以富邦國，以養萬民。馬融云事職掌百工器用耒耜弓車之屬，與此主土居民全不相當。」而與賈疏《周禮考工記》引鄭玄語「司空者，……使掌邦事，亦所以富立家，使民無空者也」更是南轅北轍。但據劉昭注《後漢書百官志一》引馬融語：司空「掌營城郭，主司空土以居民」。看來，對司空究竟所司為何這一問題，馬融的認識也是不甚清晰。

其二，掌管道路。《左傳》襄公三十一年（前542年）：「司空以時平易道路」，可見主持道路的修築工程是司空的另一職責。《國語周語中》也把「視塗」作為司空的要責，韋昭注《國語周語中》「司空不視塗」曰：「司空，掌道路者」，其中包括在川上架梁通途。「凡天下之地埶，兩山之間，必有川焉。大川之上，必有塗焉」（《考工記匠人》）。西周卿士單襄公就把陳國「司空不視塗，……川不梁」等瀆職行為看作陳國衰敗的徵象（《國語周語中》）。

其三，修築水利工程。《荀子王制》：「修堤梁，通溝澮，行水

潦，安水藏，以時決塞，歲雖凶敗水旱，使民有所耘艾，司空之事也。」《管子立政》：「決水潦，通溝瀆，修障防，安水藏，使時水雖過度，無害於五穀，歲雖凶旱，有所秎獲，司空之事也。」所以，司空又有主水利工程之事，負責組織興修堤防、疏濬河道等。據《尚書舜典》，當年舜命禹司治水之事，賦禹之官位就是司空。又據《國語周語中》，如果水利設施出現無堤即「澤不陂」等現象，就是司空失職，由此而導致「下水上騰」的水患，必須由司空來承擔責任。《韓詩外傳》卷八云：「三公者何？曰司空、司馬、司徒也。司馬主天，司空主土，司徒主人。……山陵崩竭，川谷不流，五穀不植，草木不茂，則責之司空。」

　　《論衡順鼓》引《尚書大傳》曰：「城郭不繕，溝池不修，水泉不隆，水為民害，責於地公。」

　　《白虎通封公侯》引《別名記》載：「司徒典民，司空主地，司馬順天。」

　　地公即太傅，也就是《周禮》中的司空。因此，在《禮記月令》論述「王官之序」時，要求君王在季春之月命令司空「循行國邑，周視原野，修利堤防，道達溝瀆，開拓道路，毋有障塞」，進一步加強水利工程的修築及其設施的維護與管理，「凡溝必因水埶，防必因地埶。善溝者水漱之，善防者水淫之」（《考工記匠人》），保證澤陂完善、溝澮通達、水潦暢行，更好地防禦水、旱災害，遭罹水災時洩洪無障，遇到旱魃時灌溉有水，為農作物生長創造好的保障。

　　另外，根據《國語周語中》「道無列樹」、《韓詩外傳》「草木不茂」等語，我們又不難推出司空還兼有「邦土」尤其是溝渠、道路兩側路途的綠化職責。

（三）相關討論

　　西周時期，是中國官制的一個轉捩點，以用天地四時命名的「六官」為標誌，西周時期建立了一套完整的官制系統，「經制至周而詳，文物至周而備，有一事必有一官」（《文獻通考經籍考七》）。《周禮》中的職官，與自然資源的管理和合理利用有著千絲萬縷的聯繫。首先，《周禮》職官六卿本來就是取法天地的產物。對此，有學者指出：「以天地四時命名的六官，是《周禮》設官分職的總納，是作者『以人法天』的自然主義思想的集中表露，即把社會看作是自然的副本，並把自然界的法則施行於社會」[15]；其次，《周禮》中的某些職官雖不是真正、完全意義上的生態職官，但這些職官實際上執行著對生態資源進行有效管理與利用的職能，在實踐中起著保護生態資源及生態環境的積極作用。綜觀《周禮》記載的生態職官，我們可得出以下認識：

1 《周禮》中的生態職官具有一定的規模

　　在既有的研究成果中，人們多注意到「虞衡」的生態資源管理職能，而忽視了《周禮》中其它職官在生態資源管理及利用中的作用。通過以上條理，我們發現《周禮》中有關生態職官的記載是十分廣泛的。將之與其它文獻，如儒家之《禮記》、《荀子》和法家之《管子》等相關記載結合起來，我們就不難看出先秦時期生態職官的設置較為普遍，且具有相當的規模：

　　首先，具有生態資源管理和保護作用的職官數量較多，其中天官冢宰所屬有大宰、獸人、漁人、鱉人、醫師、疾醫、獸醫等，地官司徒有大司徒、載師、縣師、司市、遂人、草人、稻人、山虞、澤虞、

---

15 彭林：〈《周禮》五行思想新探〉，《歷史研究》1990年第3期（1990年）。

川衡、林衡、跡人、卝人等，春官宗伯之大宗伯，夏官司馬之司爟、司險、牧師、職方氏、邍師、山師、川師等，秋官司寇之士師、職金、雍氏、萍氏、冥氏、穴氏、庶氏、蟈氏、硩蔟氏、柞氏、薙氏，以及冬官司空等，其總數合計至少在四十以上。

其次，諸職官負責管理的生態資源範圍頗廣，涉及生態資源的宏觀調查與掌握，以及植物、動物、土地、水利和礦產的保護、利用等各個方面。

第一，資源的調查與總體把握方面的職官，主要有地官之大司徒、夏官之司險和職方氏、邍師、山師和川師等。大司徒掌「天下土地之圖，週知九州之地域廣輪之數，辨其山林、川澤」，司險需「週知」邦國「山林川澤之阻」等大勢，職方氏對九州「大生態系統」內的基本情況（如山川、河湖、物產、人口等）了然於胸，邍師「掌四方之地名，辨其丘陵墳衍邍隰之名」，山師則掌管國土內「山林之名，辨其物，與其利害，而頒之於邦國」。這些職官的設置，不僅便於對邦土生態資源的規劃、管理和保護，更有利於當局者對全國生態資源的開發與利用。

第二，林業資源的管理方面，夏、商兩代已有與林業生產相關的官制和機構；西周時，森林管理和保護機構日趨完善。《周禮》中司徒之山虞、林衡、封人和夏官之司爟、司險等，都為專門負責管理和保護森林資源的職官。其中，封人負責種植和保護王畿都邑與封國之間的邊界林；司爟掌火，禁止隨意用火，以保護林木與草場；司險非但需要了解與掌握邦國「山林川澤之阻」，並且還負責營造和保護公路與灌溉管道邊的林木。

第三，管理動物資源的職官，如天官之獸人、獸醫、漁人、鱉人，地官中的司市、跡人，秋官之萍氏、冥氏、庶氏、穴氏、蟈氏、硩蔟氏等。動物資源的管理分兩個方面：一是保護方面，如跡人職責

之一就是「禁靁卵者，與其毒矢射者」；二是除惡，即除卻不祥和危險的鳥獸，如秋官之萍氏、冥氏、庶氏、穴氏、蟈氏、硩蔟氏等，就是專門負責這方面工作的職官。由此不難看出，《周禮》在野生動物的管理方面已較為全面與具體。

第四，土地資源的管理。土地是最重要的自然資源，同時又是最重要的生產資料，因而成為人類生存和發展最基本的條件。馬克思曾說：「土地是他（勞動者，即人。以下同——引者注）的原始的食料倉，也是他原始的勞動資料庫。」[16]農業的發展與土地有著密切的關係，《周易》中就有「萬物本乎土」、「百穀草木麗乎土」的思想，表明中國歷史早期就十分注重土地和農業作物關係的歸納和總結。《周禮》中載有負責土地資源管理、保護和利用的職官，如地官中的大司徒、載師、縣師、草人，夏官中的土方氏、掌固等。諸官分工明確，各司其職。如縣師主管建築工程對土地的徵用，控制對土地的無端佔用，尤其是對名山大澤的佔用；草人在除去土地上雜草職責之外，還掌管土地的施肥，根據不同的土壤，指導施用不同糞肥，以提高土地的肥力；而秋官司寇之屬官柞氏、薙氏等，則專司劁除土地上的雜草，並利用水、火，使土質「和美」，為土地的進一步利用創造條件。

第五，水利資源及工程設施的管理。我國很早就建立了管理水利的專門機構，夏朝把管理水、火、木、金、土等五個部門的職官之長稱為「職官五正」；商因夏政，稱水利管理機構為「水正」（《左傳》昭公二十九年）。《周禮》中，管理和保護水利資源的職官有地官之大司徒、遂人、稻人、川衡、澤虞，夏官屬官司險，秋官之雍氏，以及冬官司空等，形成了合理利用與保護水資源及其設施的管理體系。如

---

16 〔德〕馬克斯：《資本論》（北京市：人民出版社，1975年），卷1，頁203。潘冬舟譯本作：「土地既是人的食料的原始倉庫，又是他的勞動手段的原始倉庫。」（北平東亞書局1932年版，第79頁）潘譯似更妥貼。

大司徒除掌「天下土地之圖，週知九州之地域廣輪之數，辨其山林、川澤」外，還肩負整理和保護川澤之任；遂人、司險不僅主管水利工程建設和保證溝渠的通暢，而且還有綠化溝渠堤壩的職責。另外，《國語周語中》引周〈秩官〉曰「水師監濯」，韋昭注「水師」為官名，云：「水師，掌水，監滌濯之事也」；而今人來可泓則注稱：「水師：官名。又叫萍氏。掌水，監滌濯之事。」[17]《周禮》中，具有水資源管理或保護職責的職官頗多，而負有「監滌濯之事」者卻不曾見。「水師」之職不僅與萍氏之責不同，就是與其它水資源管理的職官之職也有距離。因此，以「水師」為「萍氏」，似證據不足。那麼，究竟是《周禮》漏記了「水師」一職，還是該官乃《周禮》中的某一職官的異稱呢？在缺乏足夠文獻佐證的情況下，本著存疑的原則，我們姑且不論之。那麼，為什麼從古代早期社會開始，中國就十分重視水利資源的管理、利用呢？馬克思關於「亞細亞生產方式」的一段精闢論述可作為這一問題的注腳：

> 節省用水和共同用水是基本的要求，這種要求，……在東方，由於文明程度太低，幅員太大，不能產生自願的聯合，所以就迫切需要中央集權的政府來干預。因此亞洲的一切政府都不能不執行一種經濟職能，即舉辦公共工程的職能[18]。

第六，礦產資源的管理，主要有地官之丱人、秋官之職金等。

上述《周禮》職官的生態職能，也可從《禮記曲禮》類似的記載中得到印證：

---

17 來可泓：《國語直解》（上海市：復旦大學出版社，2000年），頁101。
18 〔德〕馬克思、恩格斯：《馬克思恩格斯全集》（北京市：人民出版社，1961年），卷9，頁145。

> 天子之五官，曰司徒、司馬、司空、司士、司寇，典司五眾。
> 天子之六府，曰司土、司木、司水、司草、司器、司貨，典司
> 六職[19]。

鄭玄注曰：

> 司土，土均也。司木，山虞也。司水，川衡也。司草，稻人
> 也。司器，角人也。司貨，丱人也。……丱人，掌金玉錫石未
> 成器者（即礦產資源——引者注）。

當然，這些生態管理與保護職官的設置，其基本亦即首要的目的，就
是為了滿足「王者」之需。孫希旦《禮記集解曲禮》所引呂大臨的一
段話亦可喻之：

> 農以耕事貢九穀，則司土受之；山虞以山事貢木材，則司空受
> 之；澤虞以澤事貢水物，則司水受之；圃以樹事貢薪、芻、疏
> 材，則司草受之；工以飭材事貢器物，則司器受之；商以市事
> 貢貨賄，則司貨受之。《周官》司土則倉人、廩人之職，司木
> 則山虞、林衡之職，司水則澤虞、川衡之職，司草則委人之
> 職，司器、司貨則玉府、內府之職。

2 《周禮》生態職官具有制度化、法律化的特徵

《周禮》中的生態職官不僅達到了規模化，而且還具有制度化和

---

19 孫希旦注曰：「司士，即司事也。古者掌水土與掌百工之官為二，故虞有司空，又
有共工。司事掌百工之事，即舜時共工之職也。」

法律化的顯著特徵。對於《周禮》的某些職官，或有學者對其生態職能持懷疑的態度，認為在當時的條件下，它們不可能肩負起生態保護的任務，遑論制度化了。我們不妨以虞師為例來討論這一問題。

　　虞師或虞衡，是對山虞、林衡、川衡與澤虞等主管山川湖澤動植物資源職官的總稱。虞師之山虞等職官的具體生態管理職責，〈地官司徒〉已有相當的載錄，而且還有其它文獻記載佐證之。如《荀子王制》等稱「虞師之事」是「修火憲，養山林藪澤，草木魚鱉百索，以時禁發，使國家足用而財物不屈」。《周易屯》：「六三：即鹿無虞，惟入於林中，君子幾不如舍，往吝」；「象曰：即鹿無虞，以從（縱）禽也，君子舍之，往吝窮也」。王弼注：「雖見其禽而無其虞，徒入於林中，其可獲乎？……不如舍。往吝窮也。」也就是說，如果田獵沒有得到虞人的准允和協助，即使遇到禽獸，也不可妄自捕獲，否則就會將自己置於窘境。又據《孟子萬章下》、《左傳》昭公二十年（前522年）、《孔子家語正論》等，昭公二十年十二月齊景公狩獵時，曾召喚虞人相伴，雖然虞人以禮之不合為藉口而斷然拒之[20]，但虞人在國君田獵中的作用與意義由此可以想像。另據《莊子山木》載，莊子一日游於栗林而被虞人所注意，「栗林虞人以吾為戮」。這些文獻所記和《周禮》之載完全一致，表明虞衡的生態管理和保護的職責是毋庸置疑的。而且，其管理工作還遵循自然規律，按照自然物的生態節律來開展。如孟春之月乃萬物復蘇、生長季節，此時，虞人需對山澤進行嚴格管轄，禁止一切滅絕動物物種的行為。《禮記王制》：「獺祭魚，然後虞人入澤梁；……昆蟲未蟄，不以火田，不麛，不卵，不殺胎，不殀夭，不覆巢。」《禮記月令》：季春之月，「命野虞無伐桑柘」；季

20　《左傳》昭公二十年：「十二月，齊侯田於沛。招虞人以弓，不進。公使執之，辭曰：『昔我先君之田也，旃以招大夫，弓以招士，皮冠以招虞人。臣不見皮冠，故不敢進。』乃舍之。仲尼曰：『守道不如守官。』」

夏時節，正值樹木生長之時，天子「乃命虞人入山行木，毋有斬伐」；仲冬之月，方準人們入山澤獵捕，但也是在虞人的指導下合理、有序地進行。對那些掠奪性採伐資源者，虞人有責任與權力加以制止，並繩之以法，「山林藪澤，有能取蔬食、田獵禽獸者，野虞教道之；其有相侵奪者，罪之不赦」。

制度化還表現為各職官在自然資源管理和保護工作中的分工與密切合作。分工體現在兩方面：

一是「六卿」宏觀上的分工。六官中，有的重在於教，所以強調倫理道德的感化作用；而有的主刑，對違反規定者處以刑罰。賈疏〈天官冢宰〉之「設官分職」云：

> 此謂設天地四時之官，即六卿也，……各有所職，……天官主治，地官主教，春官主禮，夏官主政，秋官主刑，冬官主事，六官官各六十，則合有三百六十官，官各有主。

受此影響，各卿所屬職官在執行生態資源管理職能時，也表現出教化、引導和處罰兩種手段。

二是具體生態資源保護、管理上的分工。如林業資源的管理、保護主要由山虞、林衡和封人、司爟、司險等職官來負責，它們或掌山川林木，或主平地陸林，或管邊疆界林，或司溝渠道路護林，在種植、養護、採伐等方面執行著林木的保護管理職能，有力地保護了林業資源。

各職官在遵守職責分工的同時，還有一定的聯繫與合作。如礦產資源主要由地官屬官丱人和秋官屬官職金「二官共主之」，職金「主其藏」，丱人則主「以時取之」即依時開採，以達到保護礦產資源的管理目的，其間的合作應該是十分明顯的。又如山虞、林衡，前者主

管山林，同時又握有制定林木管理法規的大權；林衡則主要管理平地林木，執行山虞制定的相關林業保護、利用的法令。各職官的職責分工明確、各司其職而又互相配合，較好地保護了森林等資源。

　　制度化的另一表現就是建立職官考覈制度。《周禮》具有豐富的治官思想[21]，並建立了一套行之有效的職官考覈辦法。首先，在每年年初，將各職官的職責公之於眾，讓百姓監督。據《周禮》記載，主要是把職官的職責懸掛在各顯要處，如官府治所、街市巷閭等。〈鄉大夫〉：「正歲，令群吏考法於司徒，以退，各憲之於其所治。」就是將鄉大夫之屬官職責懸掛於官府。又如〈士師〉云：

> 掌國之五禁之法，以左右刑罰，一曰宮禁，二曰官禁，三曰國禁，四曰野禁，五曰軍禁，皆以木鐸徇之於朝，書而縣於門閭。

對於其中「書而縣於門閭」，孫詒讓《周禮正義士師》說是「書於版而表縣（懸）之」；賈疏曰：「縣於處處巷門，使知之」。即將士師所掌「五禁之法」書寫、張貼在各處閭巷門旁，令百姓盡知之。然後，在年終時，比照既已公佈於眾的職責，對有關職官進行年度考覈：「歲終，則令百官府各正其治，受其會」。而且每三年舉行所屬百官之長會議，對其工作業績進行全面的考定，根據其治績的殿最，予以獎懲。是為〈大宰〈所說的「三歲，則大計群吏之治誅賞之」。考覈的內容，主要為人口、土地、稅收等，而山川澤林等保護的情況亦在其範圍之內。如〈司書〉：「三歲，則大計群吏之治，以知民之財、器械之數，以知田野夫家六畜之數，以知山林川澤之數」；《後漢書百官志一》：司徒「歲盡則奏其殿最而行賞罰」；司空「掌水土事。凡營城起邑、濬溝渠、修墳防之事，則議其利，建其功。凡四方水土功課，

21　具體參見彭林〈《周禮》治官思想初探〉，《中國史研究》1991年第2期（1991年）。

歲盡則奏其殿最而行賞罰」。考覈一般根據隸屬關係層層進行，如六卿負責考覈其屬官，各屬官則考覈其所領之職員。如林衡「掌巡林麓之禁令，而平其守」，並「以時計林麓而賞罰之」。根據賈疏，這裏賞罰的對象，就是林衡所屬的具體執行守護各個地區林麓任務的平民，林衡按時考覈其守護林麓的功績，有功則賞之，有罪則罰之。

　　法律是生態保護的有力武器。中國古代很早就頒佈了具有法律性質的生態保護政令。如傳說中的神農時代就有〈神農之禁〉：「春夏之所生，不傷不害」[22]；《逸周書大聚》有〈禹之禁〉：「春三月山林不登斧，以成草木之長；夏三月川澤不入網罟，以成魚鱉之長」；據《說苑指武》載，周文王在徵發崇國的戰爭中，也曾頒佈了嚴格的生態保護法令──〈伐崇令〉，明確規定「毋殺人，毋壞室，毋填井，毋伐樹木，毋動六畜；有不如令者，死無赦」。《周禮》中的山虞，就可以將盜伐林木者繩之以法：「凡竊木者有刑罰。」賈公彥疏曰：「此謂非萬民入山之時，而民盜山林之木，與之以刑法。」雖然僅此無從知道其具體的處罰條款，但根據周代法網嚴密、懲處頗重的實際情況推斷，對「竊木者」所施之刑罰不會太輕，〈伐崇令〉中的「死無赦」也可喻之。「厲禁」即嚴禁，《周禮》在敘述有關職官的職責中多處使用「厲禁」一詞。如〈澤虞〉：「澤虞掌國澤之政令，為之厲禁」；〈跡人〉：「跡人掌邦田之地政，為之厲禁而守之」；〈卝人〉：「卝人掌金玉錫石之地，而為之厲禁以守之」；〈牧師〉：「牧師掌牧地，皆有厲禁而頒之」等等。有人據此而稱：「值得注意的是，國家為保護野生物資源所設的厲禁往往執行得很堅決，上自國君，下至萬民，誰也不得例外。」[23]

---

22 〔清〕嚴可均：《全上古三代文全秦文》（北京市：商務印書館，1999年），卷1，
　　〈炎帝〉引《群書治要》等，頁2。
23 郭仁成：〈先秦時期的生態環境保護〉，《求索》1990年第5期（1990年）。

為保護生態資源而頒佈法令，不僅見之於《周禮》等儒家典籍，在先秦時期的其它各學派有關文獻中，也可以找到類似的記載。如管仲在齊國為相時，就曾呼籲制定法律，保護山林等自然資源，對違反禁令的要動之以刑罰，不可寬恕：「苟山之見榮者，謹封而為禁。有動封山者，罪死而不赦。有犯令者，左足入，左足斷，右足入，右足斷。」（《管子地數》）

3 《周禮》中的生態職官與生態保護

從生態環境品質的變動軌跡看，有學者稱先秦時期為中國古代環境發展史上的黃金時期。先秦環境「黃金」期出現的原因，有兩點值得關注：

其一是當時人口較少，生產力發展水準甚低，人類對自然的干擾和破壞性影響還比較有限。西周時期人口不詳，一般認為在一〇〇〇萬左右，而戰國時期人口也不超過四五〇〇萬參見[24]，標誌生產力發達程度的鐵器的使用範圍和規模還十分有限，人類的生產活動尚不足以形成對生態環境的大規模破壞。

其二就是保護得力。從《周禮》和其它文獻如《禮記》、《管子》等記載看，先秦時期確確實實地採取了一系列有效的生態環境保護措施，其中包括建立了一套完整的生態職官和頒佈了嚴格的生態保護法令。林史專家陳嶸在其《中國森林史料》一書中，以林業為例說：先秦「林政發達，於周已極」；「政府對於人民之斫伐森林，不惟直接加以限制干涉，並委曲曉導人民，俾其知非時濫伐，足以傷其私德」。認為西周「官林之命令機關，乃由大司徒主之」，「監督機關，山虞主

---

24 萬劍雄《中國人口史》（上海市：復旦大學出版社，2002年），卷1，頁290-291、300。

之」,「山虞,林衡,皆為管理國有林之官職」[25]。正因為加強了山林川澤等自然生態和資源的管理,當時的如森林等生態資源與生態環境得到了較好的保護。如據學者估計,周代黃土高原的森林面積約四點八億畝,其轄域內的森林覆蓋率高達百分之五十三[26]。美國學者埃克霍姆對周代森林管理和保護機構的功績也予以了積極的評價。他說:

> 甚至早在腓尼基人定居以前,人們就遷入中國北部肥沃的、森林茂密的黃河流域。幾世紀以來,迫切需要永無止境的農田,終於導致華北平原大部分地區成為無林地帶。這種趨勢在周朝八七二年之久的統治時期(公元前1127年—公元前255年)被部分地制止了;這一黃金時代產生了肯定是世界上最早的「山林局」並重視了森林保持的需要。但是,在周朝滅亡後的二千二百年中,廣泛破壞森林又重新變為一項準則了[27]。

4 研究《周禮》生態職官須謹慎對待的問題

在具體探討《周禮》時,我們又必須注意以下幾個問題:

其一,《周禮》之職官制度的適用性問題,換言之乃有無或是否存在的問題。對於這一問題,學界紛爭頗多。如前引錢穆《周官著作時代考》就認為,《周禮》係學者「冥構」的產物,所載之事不可當作歷史事實;而楊向奎曾就「《周禮》中的社會經濟制度」這一問題而指出:「我們研究《周禮》中的經濟制度,不是要肯定它是某一代

---

25 陳嶸:《中國森林史料》(北京市:中國林業出版社,1981年),頁5、12、6、8。

26 雍文濤:《林業建設問題研究》(北京市:中國林業出版社,1986年),頁205。

27 〔美〕E.P.埃克霍姆撰,黃重生譯:《土地在喪失──環境壓力和世界糧食前景》(北京市:科學出版社,1982年),頁15。

的實際制度，只是要說明它是《周禮》中的制度。」[28]但他又說：《周禮》所載內容「是有根據的，我們應當結合其它文獻來進行研究，不能一筆抹殺」[29]。不可否認，《周禮》中的有些職官在以後的歷史時期並未曾見，就是在其前的傳說時期也沒有，顯然，我們不能因《周禮》中有所載就斷然聲稱這些官制便是西周或春秋戰國時期設置的職官。但是，若「結合其它文獻來進行研究」，我們不難發現，《周禮》中的某些生態職官屢屢見於《禮記》、《管子》等文獻。如《左傳》昭公二十年即載晏子說齊國「山林之木，衡鹿守之。澤之萑蒲，舟鮫守之。藪之薪蒸，虞候守之。海之鹽蜃，祈望守之」。杜預注曰：「衡鹿、舟鮫、虞候、祈望皆官名也，言公專守山澤之利，不與民共。」雖然這裏指專山澤之饒，但其中的生態職官名稱與職權則基本上同於《周禮》之山虞、林衡等。因此，孔穎達在注疏《左傳》該條記載時，就援用了《周禮》中的相關文獻；又如《禮記月令》：季冬之月「乃命四監，收秩薪柴，以共郊廟，及百祀之薪燎」。鄭玄注「四監」為「主山林川澤之官」，和《周禮》中主山林川澤之虞衡的職責無異；而《荀子王制》則明確地載錄了司空、治田、虞師、鄉師、工師等職官的名稱及其責守，亦同《周禮》中的相應職官及其職守大體一致。這種《周禮》之生態職官與其它文獻中的相關職官相對應、一致的情況，足以說明《周禮》記載決非完全為「一部學者理想中之冥構」、「並非史實記錄」的作品。所以，我們說《周禮》一方面記述了當時一部分歷史事實，另一方面又是作者「兼羅各種素材而加以組

---

28 楊向奎：〈《周禮》的內容分析及其成書時代〉，《山東大學學報》1954年第4期（1954年）。另見陳其泰等：《二十世紀中國禮學研究論集》（北京市：學苑出版社，1998年），頁173。

29 楊向奎：《中國古代社會與古代思想研究》（上海市：上海人民出版社，1962年），上冊，頁57。

織」的結晶，雖然其中不排除作者之理想的成分，但同時將其中可以從其它文獻中尋覓到佐證者視為歷史事實，當不會有多大問題。正因為如此，有些學者在討論先秦時期的生態保護時，就把《周禮》中可以印證的有關記載當作歷史事實來陳述[30]，這一做法是有一定根據和道理的。因而有學者指出：

> 在產生這些（包括《周禮》在內的——引者注）文獻的春秋晚期及戰國時代，各國的法令政策中可能並不一定就現實地包括了它們，或者全面和嚴格地執行了它們，它們可能還主要是一種思想觀念的追溯，但是，這些思想的存在又是確定無疑的，它們確曾體現在制度之中，也是有相當根據的[31]。

其二，生態職官的規模、職能及其執行力度的問題。《周禮》為我們建立了一個龐大的官制系統。據筆者統計，除冬官司空屬官幾何不詳外，《周禮》共三三七個職官，其中天官冢宰屬官六十三、地官司徒屬官七十八、春官宗伯屬官七十（不含闕1）、夏官司馬屬官六十五（不含闕5）、秋官司寇屬官六十一（不含闕5），各官府的人員多寡不一，所以顧頡剛稱在《周禮》中，五官和官屬不下數萬人[32]，以至

---

30 如李丙寅：〈略論先秦時期的環境保護〉，《史學月刊》1990年第1期（1990年）、陳登林等：《中國自然史綱》（哈爾濱市：東北林業大學出版社，1991年）等。

31 何懷宏：〈儒家論經濟與環保〉，收入何光滬等：《對話二：儒釋道與基督教》（上海市：社會科學文獻出版社，2001年），頁70。

32 關於《周禮》職官數額，顧頡剛統計與筆者統計有異，異者為夏官司馬屬官六十九、秋官司寇屬官六十六，且其《周禮》職官總數三六六與其分項統計之和三四六也不一致。參見顧頡剛：〈「周公制禮」的傳說和《周官》一書的出現〉，《文史》第6輯（北京市：中華書局，1979年）。另見陳其泰等：《二十世紀中國禮學研究論集》（北京市：學苑出版社，1998年），頁206。

於後人如歐陽修等對如此之大的官僚系統甚為懷疑[33]。從上列考述看，在《周禮》三三〇餘個職官中，具有生態管理職能的職官有四十餘個，占其職官總數的百分之十二左右，這一比例不能說是較低，因為即使是在對環境保護相當重視的今天，具有生態環境保護職能的職官在整個行政體系中所佔的比重也不大；不過，在《周禮》中，除少數如山虞等專門生態職官外，大部分職官的主要職責並非生態管理或保護方面的，生態職責只為其一小部分。從這一點看，在《周禮》龐大的職官體系中，生態職官的規模仍是極其有限的。

但是，《周禮》中的職官在履行其生態職能時，還是有一定力度的。虞師是先秦時期環境管理和保護的專門職官，肩負著自然資源保護、利用的重要職責。虞師行使職權，十分嚴格。對於不遵守「時禁」等規定者，虞師多予以懲處，就是君王的違規之舉也不例外。據《孟子萬章下》記載，齊景公外出打獵時，曾召虞人前往但不以禮，儘管齊景公以「殺之」相威脅，結果還是遭到了虞人的斷然拒絕。雖然《孟子》中虞人「不適」的理由是景公召之不以禮（「皮冠」），然而，該事例從側面表現了管理山澤草木禽獸等自然資源的職官——虞人——不畏強權和敢於作為的精神與品質，將這種精神與品質貫徹到生態保護的實踐中，又何患有關生態資源保護的政令得不到嚴格的執行和實施呢？

另一方面，我們還應該看到，一些不具有生態管理職能的職官，在實際生活中也起著保護生態資源的積極作用，典型的例子就是《國語魯語上》所載的「里革斷罟匡君」之事。里革是魯國的一位太史，而非專門的生態職官，因而沒有保護生態環境的義務。也正由於他是太史而鑒知其前時期的環境保護的緣故，里革又具有極強的環境保護

---

33 萬志毅等：《先秦兩漢的制度與文化》（哈爾濱市：黑龍江教育出版社，1998年），頁242。

意識。因此，當魯宣公「夏濫於泗淵」之時，里革毅然「斷其罟而棄之」，並向宣公說明道理，使宣公受到了深刻的教育。有學者曾據此而言：「先秦對自然資源的保護已經制度化，並在相當程度上是被認真實行了的。」[34]

其三，生態職官設置的原因或目的。可以肯定地說，《周禮》生態職官之設的原因或目的，以及對自然資源的管理和保護等等，主要還是為了利用。具體地說，一是為專山澤之利，二是為稅收服務，與當今之生態保護大異其趣。山川湖澤是極具價值的公共自然資源，林木、禽獸、魚鱉、礦產無所不有，堪為「利」之所在。「溥天之下，莫非王土」。為表明自己對這些資源的專門佔有權，統治者往往在其邦土之內的山川湖澤之處設置關禁，保護這些公共自然資源，不准普通百姓進入樵採與獵捕，或隨意利用山林川澤資源，並在中央或關禁所在之處設立職官，專門負責管理和保護自然資源。可見，古代對山澤等生態資源的管理和保護，乃國家專山澤之饒的產物。

「一部《周官》半理財」，《周禮》對理財的重視可以從不同的方面得到反映。《周禮》中許多職官的主要職責是任民，進行稅收管理。如〈大宰〉：

> 大宰之職，以九職任萬民：一曰三農，生九谷。二曰園圃，毓草木。三曰虞衡，作山澤之材。四曰藪牧，養蕃鳥獸。五曰百工，飭化八材。六曰商賈，阜通貨賄。七曰嬪婦，化治絲枲。八曰臣妾，聚斂疏材。九曰閒民，無常職，轉移執事。以九賦斂財賄：一曰邦中之賦，二曰四郊之賦，……八曰山澤之賦。

---

34 李根蟠：〈先秦保護和合理利用自然資源的理論及其基礎——兼論傳統農學在現代化中的價值〉，收入葉顯恩等：《中國傳統社會經濟與現代化：從不同的角度探索中國傳統社會的底蘊及其與現代化的關係》（廣州市：廣東人民出版社，2001年）。

山林川澤作為自然資源，也為官府一項重要的、經常性的收入來源，國家設立職官管理這些生態資源的最終目的，就是徵收賦稅。如地官之長──大司徒──所掌與生態關係密切，但其如「以土會之法，辨五地之物生」等職責，則帶有明顯為稅收服務的目的。又如載師肩任土地資源保護、利用的職責，但其主要任務是「令宅樹桑麻」，桑、麻為農作物或經濟作物，俱需繳納稅賦。宅前屋後不種植桑麻，如同逃避稅務，國家要罰之以「裏布」。這種情況，說明古代生態保護具有極強的功利性，其生態職官不是因保護生態資源而設，而是為經濟，準確地說是為國家稅收服務的，這就決定了古代生態職官之設具有很大的局限性。

　　另外，冥氏、庶氏、翨氏、硩蔟氏和薙氏等職官所掌，主要是除「害」、除「惡」，如猛獸、惡鳥、雜草等，除去土地上的雜草雜木，對土地的利用和保護無疑具有積極的意義，而攻除猛獸、惡鳥等則要具體問題具體分析。首先不在於是否將「惡」鳥、猛獸斬盡殺絕，而是「除」之的得失問題。只有當有「害」鳥、獸種群和數量超過一定的限度而威脅到人類生存的時候，防治甚至消滅這些所謂的有「害」物種才是合理的或必要的；其次，對有「害」鳥、獸的判斷，也不可根據人類的喜好而定，更不能因為其聲鳴不雅、眾人厭惡而統統除之。大地倫理學創建人利奧波德認為：「比較坦誠的理性觀點是，食肉動物是這個共同體的成員，因此沒有任何特殊的力量有權為了一種符合其自身的利益，不論是真的或想當然的，去滅絕它們。」[35]因此，《周禮》中的冥氏等職官的設置及其職能的執行，雖然滿足了人類的生存、心理的需要，但在客觀上不利於野生動物資源的保護，與維護生物多樣性的生態保護原則相違悖。

---

35 〔美〕唐納德・沃斯特撰，侯文惠譯：《自然的經濟體系──生態思想史》（北京市：商務印書館，1999年），頁339。

二 秦漢時期生態職官考述

(一) 導言

　　秦漢國家政策及其指導下的政府和社會行為或活動，對生態環境的變遷有很大的影響。秦漢時期，統治者凌駕於一切之上，為滿足自己驕奢淫逸的生活，往往豪奪巧取生態資源，絲毫不考慮生態環境的承受能力及其行為所產生的不良後果。然而，統治者的某些自覺或不自覺行為，卻在實踐中產生了一定的積極作用，秦漢時期設置的一些職官便體現了這一點。本部分從秦漢職官的實際生態效應出發，對這一歷史階段的生態職官進行簡略的考述。

　　秦統一中國後，在中央設置了丞相、御史大夫、太尉三官之職，作為輔佐皇帝處理日常政務的職官。三官之下，中央政府又有奉常、郎中令、衛尉、太傅、廷尉、典客、治粟內史、宗正、少府等被習慣稱作「九卿」的行政機關。戰國後期，戰爭不斷，人口減少，出現了許多無人耕種的撂荒土地，山林、川澤、苑囿多無其主。秦建立後，宣佈土地國有，這些耕地及山川林澤等均為國家所有。為加強對新增土地的管理，秦在每卿之下又設有若干屬官。

　　從史籍記載來看，秦時沒有專門保護生態的機構，但有負責管理有關生態環境事務的職官，其主要管理的對象為水利、山林和苑囿等。如其「少府」一職，就兼理水利、山林政令和栽植宮中、街衢樹木的職責；疇官、苑官負責苑囿園池的管理；而山林川澤的管理任務，則由林官、湖官和陂官具體承擔[36]。漢承秦制，國家加強了對國有土地上的一切資源的管理，設置統一的官員。如《漢書元帝紀》載西漢元帝初元元年（前48年），京師地震，關東受災，元帝制詔曰：

---

36 羅桂環等：《中國環境保護史稿》（北京市：中國環境科學出版社，1995年），頁85。

「關東今年穀不登，民多困乏。其令郡國被災害甚者毋出租賦。江海陂湖園池屬少府者以假貧民，勿租賦。」說明西漢政府對山川林澤的管理相當嚴格，一般人是不能隨意開發、利用的，只有在災荒年月經皇帝詔准後，外人才能享用。

（二）秦漢生態職官考述

從有關文獻記載看，秦漢生態職官主要有少府、水衡都尉、都水長丞、河堤謁者、將作大匠等。

1 少府

據《漢書百官公卿表上》，「少府，秦官，掌山海池澤之稅，以給供養，有六丞」，而以管「陂池灌溉，保守河渠」為職責的都水長丞就是其屬官之一（《漢書百官公卿表上》、《晉書職官志》）。對於「都水」之職，王先謙注《漢書》時說：「都，總也。謂總治水之工，故曰都水。」（《漢書補注百官公卿表上》）

秦時管理自然生態的「少府」一職，在漢代仍存，其下有林、陂、湖、苑諸官，有專職生態管理的官員，如苑官就有上林苑令。《三輔黃圖苑囿》：「漢上林苑，即秦之舊苑也。」上林苑是漢武帝在秦故苑基礎上修建的，該苑依傍渭水，臨靠終南山，堪稱是漢代國家動物園。苑內奇花異木，珍禽稀獸，無所不有。所以《三輔黃圖》引《漢舊儀》云：「上林苑方三百里，苑中養百獸，天子秋冬射獵取之。」為有效管理上林苑，漢政府沿襲秦制，為之設置了專門職官。上林苑令即是上林苑的主官：「上林苑令一人，六百石。本注曰：主苑中禽獸。頗有民居，皆主之。捕得其獸送太官。」

除上林苑令外，上林苑還有上林苑丞、上林苑尉官職各一人（《後漢書百官志三》）。「上林有令有尉，禽獸簿記其名數。」（《三輔

黃圖苑囿》引《漢舊儀》）據劉昭注《後漢書百官志三》引《漢官》，上林苑令所屬吏員共五十八人。

「少府」中還有專門負責保護、管理林業的屬官。史載漢平帝元始元年（1年），曾「置少府海丞、果丞各一人」。其中「果丞，掌諸果實」（《漢書平帝紀》及顏師古注）。降迄東漢，「少府」之職一如往故，其下的「果丞」與「鉤盾」之「主果園」和「典諸近池苑囿」的作用基本未變，只是少府在秦及西漢時期的主要職責——掌「山澤陂池之稅」，在東漢時劃歸司農，水衡都尉的管理水利職能則歸諸少府（《後漢書百官志三》），其生態管理的職能愈加突出。

2 水衡都尉

中國是一個農業國度，水利為國計民生之大事。所以，中國專門設立職官以負責管理水資源的歷史甚為悠久。中國較早設立的國家最高水利職官，是上古時期的「司空」。《尚書虞書》：「禹作司空」，「平水土」。「司空」一職被認為是「水利設專司之始」。《周禮》冬官司空「掌邦土」。秦時九卿之一的「宗正」官（平帝元始四年更名宗伯）屬官有「司空」一職，如淳注曰：「《律》，司空主水及罪人。」（《漢書百官公卿表上》）

為進一步加強水利管理，西漢武帝於元鼎二年（前111年）在中央專設「水衡都尉」一職。《漢書百官公卿表上》：

> 水衡都尉，……掌上林苑，有五丞。屬官有上林、均輸、御羞、禁圃、輯濯、鐘官、技巧、六廄、辨銅九官令丞。又衡官、水司空、都水、農倉，又甘泉上林、都水七官長丞皆屬焉。上林有八丞十二尉，……都水三丞，禁圃兩尉，甘泉上林四丞。

關於「水衡都尉」，應劭注曰：「古山水之官曰衡。掌諸池苑，故稱水衡」；張晏亦云：「主都水及上林苑，故曰水衡。主諸官，故曰都。」然而張晏又說：「有卒徒武事，故曰尉。」於此所解，筆者以為非也。「水衡都尉」之「尉」的由來，並非因為水衡都尉「有卒徒武事」的緣故，它實際上是一官名或官職之稱。雖然應劭云「自上安下曰尉，武官悉以為稱」，但並不是所有帶「尉」之名的職官均有武備的職能，凡官有「自上安下」作用的，稱「尉」亦未嘗不可。更何況從水衡都尉及其各屬官之職能看，似與「卒徒武事」干係不大。不過，據《三輔黃圖》引《漢舊儀》，上林苑中有六池、市郭、宮殿、魚臺、犬臺、獸圈，掌管上林苑的水衡都尉下還設有「上林詔獄」，「主治苑中禽獸宮館之事」（《三輔黃圖苑囿》引《漢舊儀》）。但上林苑的「卒徒武事」，仍主要由專門的機構和相關人員充任和完成。如步兵校尉就是執「掌上林苑門屯兵」的職官。所以，水衡都尉的主要職能是管理，談不上所謂的「卒徒武事」。

　　從文獻記載看，水衡都尉在武帝時乃至以後，除主管上林苑水利之事外，還負責林業方面的管理，其職權之大，似乎可以與「少府」相提並論。而司任其職者，不乏位高權重之輩。如據《漢書百官公卿表下》記載，閹宦江充、中郎將趙充國即先後於武帝泰始三年（前94年）、昭帝元鳳元年（前80年）出任水衡都尉。可是，水衡都尉存在的時間，主要是在西漢中後期。王莽篡權後，易其名為予虞；東漢初年，罷黜此職，所轄之事復歸少府。是為《後漢書百官志三》所載的「世祖省之，並其職於少府。每立秋貙劉之日，輒暫置水衡都尉，事訖乃罷之。……又省水衡屬官令、長、丞、尉二十餘人」。對於「貙劉」，《後漢書禮儀志中》記載說：「立秋之日，（自）（白）郊禮畢，……還宮，遣使者齎束帛以賜武官。武官肄兵，習戰陣之儀、斬牲之禮，名曰貙劉。」可見，東漢時的水衡都尉，不僅是一臨時性的

職官，而且失去了以往的職權，只起著一祭祀禮官的作用。

又據《漢書百官公卿表上》「水司空、都水、農倉，又甘泉上林、都水七官長丞皆屬」水衡都尉的記載，水衡都尉屬官有水司空、都水等。從字面上看，「水司空」貌似主管水利的職官，但從《史記淮南衡山列傳》裴駰「集解」、《漢書伍被傳》顏師古注引晉灼之「宗正有左右都司空，上林有水司空，皆主囚徒官也」來看，「水司空」與水資源根本無涉。據《後漢書百官志一》記載，東漢「司空，公一人。本注曰：掌水土事。凡營城起邑、濬溝洫、修墳防之事，則議其利，建其功」，是中央處理日常水利事務的辦事機構。東漢「司空」雖負責水土工程，但不是專官。

3 都水長丞

都水官為漢代沿襲秦代所設的專管水利資源之官，其官長為都水長丞。關於都水長丞，《漢書百官公卿表上》有如下相關記載：

> 奉常，秦官，掌宗廟禮儀，有丞。景帝中六年（前144年）更名太常。屬官有太樂……六令丞，又均官、都水兩長丞。
> 治粟內史，秦官，掌穀貨，有兩丞。景帝後元年（前143年）更名大農令，武帝太初元年（前104年）更名大司農。……又郡國諸倉農監、都水六十五官長丞皆屬焉。
> 少府，秦官，掌山海池澤之稅，……屬官有尚書……十六官令丞，又胞人、都水、均官三長丞。
> 水衡都尉，武帝元鼎二年（前115年）初置，掌上林苑，……屬官有上林……九官令丞。又衡官、水司空、都水、農倉，又甘泉上林、都水七官長丞皆屬焉。上林有……都水三丞，……王莽改水衡都尉曰予虞。

內史，周官，秦因之，掌治京師。景帝二年（前155年）分置
左（右）內史[37]，右內史武帝太初元年（前104年）更名京兆
尹，屬官有長安市、廚兩令丞，又都水、鐵官兩長丞。左內史
更名左馮翊，屬官有廩犧令丞尉。又左都水、鐵官、雲壘、長
安四市四長丞皆屬焉。

主爵中尉，秦官，掌列侯。景帝中六年更名都尉，武帝太初元
年更名右扶風，治內史右地。屬官有掌畜令丞。又有（右）都
水、鐵官、廏、廱廚四長丞皆屬焉。與左馮翊、京兆尹是為
三輔。

對於上述記載，東漢如淳曰：「律，都水治渠堤水門。《三輔黃
圖》云三輔皆有都水也。」據此，我們認為，都水長丞專為水利職
官。但是，都水長丞分屬於不同部門。如「掌宗廟禮儀」的奉常、
「掌穀貨」的治粟內史、「掌山海池澤之稅」的少府、「掌上林苑」的
水衡都尉、「掌治京師」的內史、「掌列侯」的主爵中尉等中央有關部
門，都設有都水官。此其一。

其二，在地區分佈方面，以往學者所說不一。如顏師古注《漢書
楚元王傳》漢成帝時期「（劉）向以故九卿召拜為中郎，使領護三輔
都水」這一記載時，引蘇林語曰：「三輔多溉灌渠，悉主之，故言都
水。」清初何焯據此而稱：「都水屬太常，治都以內之水。」[38]以為都
水長丞分佈於京兆尹、左馮翊、右扶風所謂的「三輔」地區。這一認
識恐怕不妥[39]，因為《漢書百官公卿表上》「大司農」有文云「郡國諸

---

37 顏師古注曰：「《地理志》云武帝建元六年（前135年）置左右內史，而此〈表〉云
　景帝二年分置，〈表〉、〈志〉不同。又據《史記》，知〈志〉誤矣。」
38 〔清〕何焯：《義門讀書記》，卷16，〈前漢書・表志〉。
39 一九九五年，陝西臨潼新豐鎮劉寨村秦遺址出土了一枚書有「都水」印文的板瓦，

倉農監、都水六十五官長丞皆屬焉」，說明地方郡國也設有都水長
丞。所以北宋劉攽說：「都水官處處有之。案〈表〉：少府、三輔皆有
焉。」王先謙在《漢書補注百官公卿表上》中注奉常屬官都水長丞時
亦云：「都，總也。謂總治水之工，故曰都水，非都以內之水也。」
三輔都水長丞引人關注，可能因為該地區都水設置較其它地方郡國為
多且集中的緣故；而之所以多設，主要還在於水利對於三輔地區具有
比較特殊的意義和價值。正因為如此，朝廷往往任命得力要臣出任三
輔都水長丞，這些人也多不負眾望，積極有為，有所建樹。據《漢
書》之〈馮奉世傳〉、〈息夫躬傳〉等，成帝永始年間，馮參曾以諫大
夫身份，領護左馮翊都水；漢哀帝時，「天子使躬（息夫躬）領護三
輔都水。躬立表，欲穿長安城引灃注太倉下，以省轉輸」等等。

　　據《後漢書百官志三》，東漢時，「都水屬郡國」，將都水官員劃
歸地方管理。「凡郡國皆掌治民，進賢勸功，決訟檢奸。常以春行所
主縣，勸民農桑，振救乏絕。」（《後漢書百官志五》）包括邊遠地區
的郡國，一般都設有津渠漕水掾，管理日常水利事宜[40]；而且有些地
方吏員數量還不少。如據劉昭注《後漢書百官志五》引《漢官》，當
時河南尹屬下就有員吏九二七人，其中津渠漕水掾二十五人。都水
官——都水掾——的職責為主持水利。如《後漢書許楊傳》載，建武
中，汝南太守鄧晨以許楊為都水掾，修復鴻郤陂。「楊因高下形勢，
起塘四百餘里，數年乃立。百姓得其便，累歲大稔」；但有時還負責

有研究者認為它是秦「都水」官印。指出：「此處都水，當為內史屬官」，秦始皇陵
邑的修建，亦當在其職掌下進行。陳曉捷：〈臨潼新豐鎮劉寨村秦遺址出土陶文〉，
《考古與文物》1996年第4期（1996年）。對此，有學者雖認為可作一說，但也不能
排除其它官署屬官的可能性。參見袁仲一等：《秦陶文新編》（北京市：文物出版
社，2009年），上編，〈考釋〉，頁81。

40　〔宋〕洪適：《隸釋》，卷2，〈西嶽華山廟碑〉；卷15，〈廣漢太守沈子琚綿竹江堰
碑〉。〔宋〕洪適：《隸續》，卷5。

水利資源的調配。《後漢書百官志五》:「邊縣有障塞尉。……其郡有鹽官、鐵官、工官、都水官者,隨事廣狹置令、長及丞,……有水池及魚利多者置水官,主平水收漁稅。」

其三,設置時間問題。從上引文獻來看,西漢絕大多數都水長丞的設置,都始於景帝時期,說明漢景帝時對水利資源的管理相當重視。武帝時,隨著全國修築水利工程高潮的興起,都水長丞所屬官員增加,設左、右都水使者為統率,中央配之以水衡都尉。水衡之職,「主都水及上林苑,故曰水衡」。武帝太初元年(前104年),更改景帝時的大農令(即秦時的治粟內史)名為大司農,「都水六十五官長丞皆屬焉」(《漢書百官公卿表上》)。

4　河堤謁者

河堤謁者始設於東漢初,其主要職責為疏濬川谷和治理河決。西漢時,河決治理多採用臨時差遣使者的方式來進行。如宣帝時,「光祿大夫郭昌使行河」,李尋「以騎都尉使護河堤」;成帝時,馮野王以「故二千石使行河堤」,平當「以經明〈禹貢〉,使行河,為騎都尉領河堤」,「河堤使者王延世使塞(黃河)」(《漢書》之〈溝洫志〉、〈李尋傳〉、〈馮野王傳〉、〈平當傳〉;荀悅:《漢紀孝成皇帝紀一》)等。從上述記載看,西漢臨時派遣使者治理河流決溢,所治河流基本為黃河。使者官職也不一,但多為原職,如郭昌行河的身份為光祿大夫、李尋和平當護河堤的身份是騎都尉等。而成帝建始五年(前28年),王延世到館陶、東郡等地治理黃河,其「河堤使者」的身份較為純一。但是,對於《漢書溝洫志》這一記載,《水經注》卷五〈河水〉錄引曰:

　　成帝之世,河決館陶及東郡金堤,上使河堤謁者王延世塞之,

三十六日堤成，詔以建始五年為河平元年（前28年），以延世為光祿大夫，是水亦斷。

將王延世的「河堤使者」的身份變為「河堤謁者」，晉代常璩《華陽國志》也如此[41]。若據此判斷，專掌水利的「河堤謁者」早在西漢時就已有之。事實上，據劉昭注《後漢書百官志一》引應劭《漢官儀》，河堤謁者始設於東漢初，並隸屬於司空掾。此後，司其職者取得燁赫治水績效者不乏其人。如明帝時的王景，因治河功績卓越，永平十五年（72年），被皇帝劉莊拜為河堤謁者；東漢順帝陽嘉三年（134年），河堤謁者王誨「疏達河川，遹荒庶土」，成就功業，「立功府卿」，為順帝劉保所重（《後漢書王景傳》、《水經注濟水》）。東漢河堤謁者由西漢都水官演變而來，並為後世所繼承。對此，《晉書職官志》、《隋書百官志下》均有較為明晰的記載：

> 都水使者，漢水衡之職也。漢又有都水長丞，主陂池灌溉，保守河渠，屬太常。漢東京省都水，置河堤謁者，魏因之。及武帝省水衡，置都水使者一人，以河堤謁者為都水官屬。及江左，省河堤謁者，置謁者六人。

劉昭注《後漢書百官志一》引應劭《漢官儀》云：「河堤謁者，世祖改以三府掾屬為謁者領之。」三府，即太尉、司徒、司空。河堤謁者隸於三府掾，實際上指的是司空。由於「三公」之一者司空的主要職責是「主土」，所以司空便成為河堤謁者的上級機構。「司空，公一人。本注曰：掌水土事。凡營城起邑、濬溝洫、修墳防之事，則議

---

41 〔晉〕常璩：《華陽國志》，卷10中，〈先賢士女總贊（中）〉。

其利，建其功。凡四方水土功課，歲盡則奏其殿最而行賞罰。」（《後漢書百官志一》）司空兼管城建與水利，對於各地城邑建築、水利興修等工作情況，年終上報國家，作為對官吏獎賞的依據。《韓詩外傳》卷八載曰：

> 三公者何？曰司馬、司空、司徒也。司馬主天，司空主土，司徒主人。故陰陽不和，四時不節，星辰失度，災變非常，則責之司馬。山陵崩竭，川谷不流，五穀不植，草木不茂，則責之司空。君臣不正，人道不和，國多盜賊，下怨其上，則責之司徒。故三公典其職，憂其分，舉其辯，明其隱，此三公之任也。

這就是漢代政治上所謂的「因災異策免三公」歷史現象的理論根據。另外，為保證川谷安流，河堤謁者還掌管祭祀江河之事。對此，應劭《風俗通義山澤》記云：「河堤謁者，掌四瀆，禮祠與五嶽同。」

5 將作大匠

秦漢時設置的有關生態環境管理的職官中，最完備的是林業職官。除了上述少府和水衡都尉外，負責林業管理的職官還有將作大匠，即秦時的將作少府，景帝前元六年（前151年）改為此名。將作大匠有東園主章、主章長丞等屬官。對於「主章」之「章」，如淳說：「章謂大材也。」顏師古也說：「東園主章掌大材，以供東園大匠也。」因此，顏師古注「主章長丞」的職責時，稱其「掌凡大木也」。可知東園主章、主章長丞是負責林木的職官。正因為此，東園主章便在武帝太初元年（前104年）更名為「木工」（《漢書百官公卿表上》）。東漢時，中央仍設將作大匠一人。《後漢書百官志四》載其職曰：

掌修作宗廟、路寢、宮室、陵園木土之功，並樹桐梓之類列於
道側。

劉昭注云：

> 〈漢官篇〉曰：「樹栗、漆、梓、桐」，胡廣曰：「古者列樹以
> 表道，並以為林圃。四者皆木名，治宮室並主之。」

三國陸璣云：「梓實桐皮曰椅，今人云梧桐也。則大類同而小別也，
桐有青桐、白桐、赤桐，……梓椅，《爾雅》云椅梓，郭云即楸。鄭
云今亦謂之梓木，良材也。《埤雅》云舊說椅即是梓，梓即是楸。蓋
楸之疏理而白色者為梓，梓實桐皮曰椅。其實兩木大類同而小別
也。」（《毛詩草木鳥獸蟲魚疏廣要釋木》）據上引諸文而知：東漢將
作大匠除了主管土木之外，也負責管理林木的工作。

6 地方生態職官

秦漢時期，不僅在中央職官的設置上有保護和開發生態資源的分
工，而且在地方上也因地制宜地設置了一些具有生態管理職能的職
官。如據劉昭注《後漢書百官志三》引《漢官儀》，東漢在京師洛陽
市長下設「有檄掾丞，三百石，別治中水官，主水渠，在馬市東，有
員吏六人」。又據《漢書地理志上》，為加強對林業的管理，漢中央政
府在蜀郡嚴道設有「木官」，在江夏郡的西陵縣設有「雲夢官」，以管
理包括林業開發在內的有關山澤事務；在巴郡的朐忍與魚復，甚至是
遠處的交趾，也都置有「甘（柑）橘官」或「桔官」[42]，專門管理柑

---

42 〔晉〕常璩：《華陽國志》，卷1，〈巴志〉；卷3，〈蜀志〉。

橘的生產與貢獻皇宮所需的御橘。後來《封泥彙編》等所收集的秦漢「橘監」、「橘印」、「常山漆園司馬」、「嚴道橘丞」等印章，更加充分地說明了當時類似的職官設置幾乎遍佈全國[43]。其它如水利職官——都水官等，也都遍及各地。

（三）簡要結語

　　秦漢時期，有關生態保護與開發利用的職官，涉及水利、山林、苑囿等許多方面，這些職官在生態資源的合理開發、利用和保護方面，發揮了一定的積極作用。通過梳理，我們發現，秦漢生態職官的設置及其作用的實現，具有以下幾個較為突出的特點：

　　第一，從歷史淵源來看，秦漢生態職官的設置具有繼承傳統的特點。中國古代職官的設置，可上溯到上古時期，如司空之職，據文獻記載，早在傳說中的大禹時代就已設置。「禹作司空，平水土」。到了西周時期，「官則備矣」。雖然其後歷經春秋戰國諸侯之爭，「官失而百職亂」，但後經秦王朝的「立百官之職」，對歷史上具有積極作用的職官予以恢復；此後，「漢因循而不革」，只是「明簡易，隨時宜也」（《漢書百官公卿表上》）；東漢本著「補復殘缺」（《後漢書百官志一》）的原則，設置了一些職官。從這一歷史發展進程和職官的實際設置來看，無論是秦，還是兩漢，其所設職官與其前歷史時期的職官都具有一定的聯繫，有的甚至連官名及其職責都無大的變化，如司空等。

　　第二，從法律的角度出發，秦漢時期已有相應的生態保護法律[44]，法律的相關條文對一些具有生態保護義務的職官職責作了具體

---

43 倪濤：《六藝之一錄》，卷22，〈金器款識二十二〉；傅嘉儀：《秦封泥匯考》（上海市：上海書店出版社，2007年），頁158。

44 關於秦漢時期生態法律，具體參見本書第八章相關部分。

的要求和規定。歐陽詢《藝文類聚木部上》引《三輔舊事》曰:「漢諸陵皆屬太常,有人盜松柏者棄市。」即規定漢陵內的柏樹由太常負責管理,凡盜陵柏者都要受到嚴厲的處罰;對那些在生態保護方面失職的官員,政府也要繩之以法。據雲夢秦簡中的《秦律雜抄》記載,當時「園殿,貲嗇夫一甲,令、丞及佐各一盾,徒絡組各廿給。園三歲比殿,貲嗇夫三甲而法(廢),令、丞各一甲。」是說當年考覈中,漆園被評為下等的,罰其管理者嗇夫一甲,縣令、丞及佐各一盾,徒絡組各二十根。若連續三年被評為下等者,罰嗇夫二甲,並革其職,永不起用,縣令、丞各罰一甲[45]。可見,對生態資源管理不善的官員,國家除了以經濟制裁外,還有行政處罰。

第三,這一時期有些管理、開發生態資源的職官是變動不居的,處於經常變化之中,如都水長丞。由於不夠穩定,這就使這些職官在行使自己職權的時候,具有散漫、無約束性,管理工作力度不大,從而導致生態資源屢遭破壞,以致當時出現了某些地區的生態環境與以往相比每況愈下的情狀。

而且,需要特別指出的是,這一時期某些生態職官的設置,目的是為了專山川苑澤之利和滿足統治者一己之奢欲。如應劭《漢官儀》曰:「少府掌山澤陂池之稅,名曰禁錢,以給私養,自別為藏。少者,小也,故稱少府。大用由司農,小用由少府。故曰小藏」;「王者以租賦為公用,山澤陂池之稅以供王之私用」。每逢「凶年,山澤魚鹽市稅少府以給私用」[46]。可見,少府之設,就是為了收取山澤陂池之稅,這在很大程度上淡化了其生態職官的生態保護職能和作用。

---

45 睡虎地秦墓竹簡整理小組:《睡虎地秦墓竹簡》(北京市:文物出版社,1990年),頁84。

46 〔清〕孫星衍等:《漢官六種》(北京市:中華書局,1990年),頁135。

第八章
秦漢生態思想與生態保護法律

一　秦漢時期生態思想探析

　　秦漢時期是中國歷史上統一的多民族國家形成與發展時期。伴隨著這一歷史階段國家政治的強盛、經濟的繁榮，生態環境也逐漸惡化，步入了中國環境發展史上的一個惡化時期[1]。這一時期生態環境惡化的原因，既有政治方面的，也有經濟方面的。前者主要表現為國家的政策與政治行為（如鼓勵生育的人口政策導致人口急劇增長、戰爭，以及宮殿臺榭的修築、貴族奢侈生活等）對生態所造成的直接或間接的破壞；後者則具體表現為重農墾荒政策引發的水土嚴重流失和「伐木而樹穀，燔萊而播粟，火耕而水耨」（《鹽鐵論通有》）的農業生產方式對生態的影響。除此之外，不斷發生的天災對生態也具有一定的破壞作用[2]。自然和人為雙重因素的作用，使秦漢時期的生態品質呈下降趨勢，水旱不時，災害頻頻發生，黃河不斷決口、氾濫，百姓深受難苦。

　　存在決定意識。作為「人類生存的物質基石、創造文化的自然前

1　參見余文濤等：《中國的環境保護》（北京市：科學出版社，1987年）。另外，該書把秦與西漢列為中國歷史上第一個環境惡化時期，而把東漢列為相對恢復時期。筆者以為，無論東漢時期生態環境恢復到何一程度，都無法達到秦漢以前歷史時期的生態品質水準。所以，這裏將東漢也看作中國歷史上第一個環境惡化期的一部分。

2　具體可參見陳業新：《災害與兩漢社會研究》（上海市：上海人民出版社，2004年），頁128-139。

提」[3]的生態環境品質在秦漢時期的下降，引起了時人的關注，他們對此提出了自己的看法和主張。因此，在秦漢時期龐大而繁雜的思想體系中，蘊含著豐富的生態思想資源。

（一）關於自然界與人類社會和諧、統一的思考

自然界和人類社會是一對並列和相互對應、統一的概念。大自然是人類社會產生的前提，它為人類不斷提供諸如生態資源（如陽光、水等）、生物資源（如森林、草原、鳥獸等）、礦物資源（如鐵、銅等）等生產和生活資料，是人類生存和發展須臾相賴的物質條件。但是，人類的活動又在不斷地影響和改造著自然界，歷史上湖泊、河流、森林的消失等，都與人類的活動關係至密。人類與自然的關係，稍加概括，主要有兩個方面：一方面，人類在自身的發展中不斷地征服自然（儘管自然事實上是不可征服的），不斷地改造和改變周圍的生態環境；另一方面，自然環境又在始終不斷地影響和制約著人類對其征服和改造的活動。要想使人類與自然的關係保持著良性的態勢，就必須使二者趨於和諧與統一。

西漢碩儒董仲舒思想體系的核心和基礎是「天人相應」，它包括三個相互遞進的命題：「天人相合」、「天人感應」和「人參天地」。其中，「天人相合」是其思想的基礎與出發點，「天人感應」是其思想體系的主體與核心，而「人參天地」則是其思想的結論。董仲舒思想體系的神學特徵及其負面影響已為治史者所公認，是不可否定的。然而，剔除其消極因素及負面影響，其思想中仍存有一些合理的東西，強調人類社會與自然的和諧與統一乃其中之一因素。在其思維中，董仲舒把整個世界作為思考的對象，將天、地、人視作一個不可分的有

3　馮天瑜等：《中華文化史》（上海市：上海人民出版社，2005年），上冊，頁17。

機整體，把天和人看成兩大相互對應的參照系統。他說：

> 何謂本？曰：天地人，萬物之本也。天生之，地養之，人成
> 之。天生之以孝悌，地養之以衣食，人成之以禮樂，三者相為
> 手足，合以成體，不可一無也。（《春秋繁露立元神》）

對於儒家學說中的「天」和「人」，有學者指出：儒家的「天」
或「天地」的概念，大體相當於「自然界」的概念，當然也包括自然
界的神秘性和超越性；其「人」的概念，基本等同於「社會人生」，群
體與個體均在其中。因此，天人關係大致相當於人與自然的關係[4]。
所以，董仲舒又說：「天地與人，三而成德。」（《春秋繁露官制象
天》）強調人與自然和諧、統一的重要性。

強調人與自然的內在和諧，也是《淮南子》一書的基調。首先，
它提出了東、南、西、北、中等不同地域有著不同的自然風貌與風土
人情。《淮南子地形》：

> 東方之美者，有醫毋閭之珣玗琪焉。東南方之美者，有會稽
> 之竹箭焉。南方之美者，有梁山之犀象焉。西南方之美者，有
> 華山之金石焉。西方之美者，有霍山之珠玉焉。西北方之美
> 者，有崑崙之球琳、琅玕焉。北方之美者，有幽都之筋角焉。
> 東北方之美者，有斤山之文皮焉。中央之美者，有岱嶽，以生
> 五穀桑麻，魚鹽出焉。

4 　牟鍾鑒：〈生態哲學與儒家的天人之學〉，《甘肅社會科學》1993年第3期（1993
　年）。

並說明各地區由於生態條件不同而呈現出獨特的自然景觀，蘊藏著不同的動植物與礦產資源。《淮南子地形》：

> 白水宜玉，黑水宜砥，青水宜碧，赤水宜丹，黃水宜金，清水宜龜；汾水濛濁而宜麻，沸水通和而宜麥，河水中濁而宜菽，洛水輕利而宜禾，渭水多力而宜黍，漢水重安而宜竹，江水肥仁而宜稻。

其次，指出了不同的生態環境對人可產生不同的影響。在體型、外貌方面，「堅土人剛，弱土人肥；壚土人大，沙土人細；息土人美，耗土人醜。」不同環境導致各地物產有異，而食用物品的差異，則又直接決定了人的習性或智力水準，即「平土之人，慧而宜五穀」、「食肉者勇敢而悍，⋯⋯食穀者智慧而夭」。另外，《淮南子地形》還從地形對生育嬰兒的性別影響的角度，來考察生態條件對人的決定性影響。「凡地形：東西為緯，南北為經；山為積德，川為積刑；高者為生，下者為死；丘陵為牡，溪谷為牝。」把山川河谷與雄雌相聯繫，「土地各以其類生，是故山氣多男，澤氣多女」。將生男、生女的原因歸之於如山、澤之氣等生態要素。

關於生態對人的影響，東漢末年的醫家張仲景說得更為直接。他說：

> 夫人稟五常，因風氣而生長，風氣雖能生萬物，亦能害萬物，如水能浮舟，亦能覆舟。（《金匱要略臟腑經絡先後病脈證第一》）

在這個人與自然的統一、和諧體系中，自然對人類社會具有決定

性的影響，人必須順應並遵循自然及其規律。漢初賈誼《新書道德說》認為，自然界是運動不已的，且有其自身的規律，這個規律就是「六理」：「六理……德之所以生，陰陽、天地、人與萬物也，固為所生者法也。」在賈誼看來，自然界的「法」即規律的產生，是由於「氣」這個包含孕育萬物的催生動力作用的結果，是「氣」本身的機制系統規定著自然與社會的和諧狀態。「六理」是「氣」本身機制系統的標準「內度」的本質表現。在內的「六理」，不斷衍生而超出自身，產生自然界的萬物，即「變流而外遂」，這樣，自然和社會便呈現出規律來。賈誼說：

> 陰陽、天地、人，盡以六理為內度，內度成業，故謂之六法。六法藏內，變流而外遂，外遂六術，故謂之六行。是以陰陽各有六月之節，而天地有六合之事，人有仁義禮智信之行，行和則樂興，樂興則六。此之謂六行。陰陽、天地之動也，不失六行，故能合六法；人謹修六行，則亦可以合六法矣。

他又說：「六理無不生也，已生而存乎所生之內。」（《新書六術》）明言自然界萬物都是由「氣」這種物質構成的，但具有一定的規律——「六理」。氣循「六理」萬物生，萬物之中蘊含著「六理」，萬物之靈的人也不例外。「不能違拗自然規律，是中國古代哲人的一貫思想。」[5]《淮南子主術》：

> 禹決江疏河，以為天下興利，而不能使水西流。稷闢土墾草，以為百姓力農，然不能使禾冬生。豈其人事不至哉？其勢不可也。

5　馮天瑜等：《中華文化史》（上海市：上海人民出版社，2005年），上冊，頁5。

這是在總結前人利用自然經驗後所得出的結論。東漢思想家王充則進一步指出：「人不能以行感天，天亦不隨行而應人。」（《論衡明雩》）但如是之言，並非說人類在自然面前無能為力，恰恰相反，秦漢思想家們在強調自然對人類具有決定性影響的同時，也強調發揮人的主觀能動性，充分利用乃至改造自然：

> 夫地勢，水東流，人必事焉，然後水潦得穀行。禾稼春生，人必加功焉，故五穀得遂長。聽其自流，待其自生，則鯀、禹之功不立，而后稷之智不用。（《淮南子修務》）

這就是說，水循地勢東流，但要人去疏通它；農作物春天生長，但要人去耕耘。如果對自然界的一切事物不管不問，放任自流，任由其自生自滅，就不會出現鯀、禹興修水利之功，而后稷關於種植五藝之術也得不到應用。然而，發揮人的主觀能動性、改造自然是以遵循自然規律、保護生態為前提的：「循理而舉事，因資而立（功），權（推）自然之勢。」（《淮南子修務》）在總結以往經驗的基礎上，《淮南子主術》從社會實踐出發，指出：

> 是故人君者，上因天時，下盡地財，中用人才，是以群生遂長，五穀蕃植。

而那種諸如「以火熯井，以淮灌山，此用己而背自然」（《淮南子修務》）的愚蠢行為，只能是事與願違，並導致災難的降臨，董仲舒的「天人感應」思想就反映了這種人的行為受到生態制約的規律。

「天人感應」是中國古代哲學中關於人與天關係的一種古老的、神秘主義的學說，它反映了人與自然之間相互影響、相互感應的性

質。董仲舒認為，天可干預人事，人的行為亦可感應上天，自然界的災異和祥瑞表示著天對人的行為的譴責和嘉獎。董子在繼承前人思想、肯定「天亦有喜怒之氣，哀樂之心」和「天人一也」的基礎上，把自然界的變化與人的行為舉措相聯繫，認為自然界和人類社會之間具有相互感應的性質，提出了著名的「災異天譴」論：

> 國家將有失道之敗，而天乃先出災害以譴告之，不知自省，又
> 出怪異以警懼之，尚不知變，而傷敗乃至。以此見天心之仁愛
> 人君而欲止其亂也。(《漢書董仲舒傳》)

董氏堅持了自然界（即天地）的至上性及客觀規律的不可違背性，注意到人類不遵循自然規律，就會招致災異。

　　總之，秦漢時期關於自然與人和諧、統一的認識，具有辯證法「合理的內核」。誠如恩格斯所指出的那樣：「如果說人靠科學和創造天才征服了自然力，那麼自然力也對人進行報復，按他利用自然力的程度使他服從一種真正的專制，而不管社會組織怎樣。」[6]因此，「我們不要過分陶醉於我們對自然界的勝利。對於每一次這樣的勝利，自然界都報復了我們。每一次勝利，在第一步都確實取得了我們預期的結果，但是在第二步和第三步卻有了完全不同的、出乎預料的影響，常常把第一個結果又取消了。」[7]無疑，秦漢時期關於自然與社會的和諧、統一的認識，是這一時期豐富的生態思想的一個重要組成部分，也是本時期思想家、政治家們呼籲保護自然生態的堅實基礎。

6　〔德〕馬克斯、恩格斯：《馬克思恩格斯全集》（北京市：人民出版社，1964年），卷18，頁342。

7　〔德〕馬克斯、恩格斯：《馬克思恩格斯全集》（北京市：人民出版社，1964年），卷20，頁519。

（二）指出秦漢時期生態惡化的原因

秦漢時期，統治者諸多不當的舉措，導致大量的草原被墾、森林遭伐，生態環境受到破壞。當時的有識之士對此有較多的認識，指出了生態惡化的原因及其後果。

造成秦漢時期生態惡化的原因是多重的，就當時人的認識而言，主要表現在認為生態惡化是不當發展生產、統治者苛政與奢侈造成的。

1 生態惡化是發展生產的副產品

秦漢每個王朝之始，為了發展社會生產，都採取了鼓勵人口生育的政策，人口數量急劇上陞，西漢平帝時，全國人口已至五九○○餘萬，出現了中國歷史上第一個人口高峰。人口數量的劇增，使黃河中下游許多原是村莊寥落的「寬鄉」成為人多地少的「狹鄉」。東漢人王符《潛夫論實邊》說：

> 中州內郡，規地拓境，不能半邊，而口戶百萬，田畝一金。人眾地荒，無所容足，……《周書》曰：「土多人少，莫出其材，是謂虛土，可以襲伐也。土少人眾，民非其民，可匱竭也。」是故土地人民必相稱也。

於是，統治者為滿足人口衣食之需，一方面大力推行墾荒政策，另一方面則把百姓由「狹鄉」向「寬鄉」遷徙，並與邊防相結合，大量地移民實邊。

以農業生產方式為主的內地居民到達邊疆後，仍以農業種植為生，在邊郡九原、雲中、朔方等地大肆毀壞草原進行墾殖，與中原毀林墾荒遙相呼應，秦漢田地畝數猛增，到西漢末時達八二七萬餘頃

（《漢書地理志下》）。這些新墾增的土地，大多是通過毀林壞草而獲
得的。其中不少地區如西北諸郡的生態系統極其脆弱，一旦地面植被
遭毀，潛伏於其下的流沙就會外現，導致被墾地區逐漸出現沙漠化趨
勢；而在黃河流域尤其是中游地區的墾荒，原始森林被大量砍伐，以
致水土流失嚴重，黃河河患不斷發生。

　　對於這種毀壞林木和草原行為所引起的生態環境品質下降的後
果，漢初政治家晁錯就曾發表過議論：「焚林伐木不時，命曰：『傷
地。』」（《意林晁錯新書》）所謂「傷地」，就是破壞了地力。稍後的
劉安對林草的水土保持功能也有深刻的認識，他在《淮南子俶真》中
說，商紂在荒郊圍獵時，順風縱火，燒毀了森林與草地，結果引發水
土流失，河水渾濁，水中魚鱉難以睜眼，氣候異常，稼禾不能正常
生長。

　　農業的發展，是以鐵器生產工具的普遍使用為前提的。而秦漢重
農、墾荒政策，又大大地促進了冶鐵業的發展。

> 鐵器者，農夫之死士也。死士用，則仇讎滅，仇讎滅，則田野
> 闢，田野闢而五穀熟。……鐵器失其宜，而農民失其便。器用
> 不便，則農夫疲於野而草萊不闢。草萊不闢，則民困乏。（《鹽
> 鐵論禁耕》）

秦漢經濟恢復之迅速，除了統治者在政策上採取了一些積極、有效的
措施外，冶鐵業的發達也是其中不可忽視的一個重要條件。冶鐵業的
發展，一方面為墾荒提供了便利的「器用」，使許多山林牧地變成了
農田；另一方面，因冶鐵業有利可圖，從事冶鐵業者增多，冶鐵場遍

及各地[8]。冶煉者為取料採礦和伐木為薪之方便，往往依山而煉。《史記貨殖列傳》曰：「銅、鐵則千里往往山出棋置。」另外，《鹽鐵論》之〈復古〉、〈禁耕〉分別曰：

> 豪強大家，得管山海之利，採鐵石鼓鑄，煮海為鹽。一家聚眾，或至千餘人。
> 夫權利（指鹽鐵之利——引者注）之處，必在深山窮澤之中……故鹽冶之處，大傲皆依山川，近鐵炭。

逐鹽鐵之利，冶鐵點遍佈各地，冶煉場規模巨大，促進了秦漢時冶煉業的興盛。在當時技術較為落後的條件下，礦業大規模的開採和冶煉業的蓬勃發展，無疑對生態造成一定的破壞。對此，西漢元帝時的貢禹就曾明確指出：

> 今漢家鑄錢，及諸鐵官皆置吏卒徒，攻山取銅鐵，一歲功十萬人已上，……鑿地數百丈，銷陰氣之精，地藏空虛，不能含氣出雲，斬伐林木亡有時禁，水旱之災未必不繇此也。（《漢書貢禹傳》）

在貢禹看來，當時採礦、冶煉業規模太大，過度的採礦和無節制地砍伐樹木，使「地藏空虛」而不能致雨，由此導致了水旱之災的不斷發生。這種採礦、冶煉業發展引起的「地藏空虛」後果，與發展農業焚林伐木所造成的「傷地」惡果別無二致。

---

8 關於秦漢時期冶鐵點的分佈情況，可參見郭聲波：〈歷代黃河流域鐵冶點的地理佈局及其演變〉，《陝西師範大學學報》1984年第3期（1984年）一文。

　　總而言之，無論是從農業生產的角度，還是從手工業生產的方面來考察，當時的人們已經認識到發展生產必須遵循自然規律。否則，只能以破壞生態為代價，導致「災異」事件的不斷發生。漢代黃河決口不斷，與此間發展生產不當對生態造成的破壞不無因果關係[9]。西漢末年的劉向在《說苑談叢》中，就把生態與災害之間的關係，比喻為唇齒相依的聯繫，認為「唇亡而齒寒，河水崩、其壞在山」。

2 統治者的奢侈與苛政對生態的破壞

　　秦漢時，統治者為追求窮奢極侈的生活，廣修宮廷臺榭。如秦王贏政兵滅六國時，「每破諸侯，寫放其宮室，作之咸陽北阪上」。秦始皇在世時所修宮殿，遍及咸陽。《三輔黃圖咸陽故城》載稱：「東西八百里，南北四百里，離宮別館，相望聯屬。木衣綈繡，土被朱紫，宮人不移，樂不改懸，窮年忘歸，猶不能遍」[10]。西漢時，宮殿眾多，各類建築名目繁多，不勝枚舉。如西漢殿宇他載不計，僅《漢書》所記長安之宮，就有未央、長樂等三十餘座，若加《三輔黃圖》等錄十二座，計有四十餘宮；宮中之殿，更是多不勝列。對於這些宮殿的奢侈富麗，班固曾曰：「肇自高（祖）而終平（帝），世增飾以崇麗，歷十二延祚，故窮奢而極侈。」（《後漢書班固傳上》）據學者研究，這些華麗的宮殿，多係木結構[11]，這一結論可從秦修阿房宮時「蜀山兀，阿房出」的記載中得到印證[12]。

9　關於黃河決溢與生態間的關係，具體參見譚其：〈何以黃河在東漢以後會出現一個長期安流的局面——從歷史上論證黃河中游的土地利用是消弭下游水害的決定性因素〉，《學術月刊》1962年第2期（1962年）。

10　《史記·秦始皇本紀》張守節「正義」：「〈廟記〉云：……東西八百里，離宮別館相望屬也。木衣綈繡，土被朱紫，宮人不徙。窮年忘歸，猶不能遍也。」

11　參見林劍鳴等：《秦漢社會文明》（西安市：西北大學出版社，1985年），頁227。

12　現代考古已經證實，阿房宮之事，實乃子虛烏有。但是，「蜀山兀，阿房出」這一

　　上層統治者奢侈華美的宮廷建築為秦漢貴族們競相仿傚。「秦漢貴族府第之奢華，較先秦更甚，而東漢由於木結構樓閣建築的興起，尤為達官貴人閹宦之流提供了爭奇鬥勝的條件。」[13]後漢時期，大大小小貴族「繕修第舍，連裏竟巷」(《後漢書曹節傳》)。其嶢嶢者，當為梁冀之府舍。《後漢書梁冀傳》和《後漢紀》卷二十中，都詳錄了梁氏及其妻孫壽「殫極土木」之能事的概況[14]。

　　對秦漢君主及上層集團的奢靡生活方式，時人多有批判，並視之為破壞生態資源、引起生態品質下降的一個重要因素。如西漢初的《淮南子本經》即指出，君主帝王窮耳目之極欲而開山毀林以求金玉，是導致「萬物不滋」的直接原因；統治集團「構木為臺，焚林而田」，所引起的直接後果就是「萬物不繁兆，萌芽卵胎而不成」。大興土木，不僅破壞了生態資源尤其是森林資源，造成了「萬物燋夭」、「草木之句萌、銜花、戴實而死者，不可勝數」的嚴重後果，而且還引發了「陰陽謬戾，四時失序」的局面。東漢時期的賢良文學者也多次提及秦漢宮殿奢靡對林木消耗的情況。《鹽鐵論通有》載之云：

　　　　若則飾宮室，增臺榭，梓匠斫巨為小，以圓為方，上成雲氣，
　　　　下成山林，則材木不足用也。

認識，還是具有一定的文獻價值，它至少說明了古人對大興土木工程與生態資源尤其是林木資源的耗費，乃至生態環境惡化等直接的關係，具有比較直觀的感受和理性的思考。

13 林劍鳴等：《秦漢社會文明》（西安市：西北大學出版社，1985年），頁231。

14 如《後漢書・梁冀傳》：冀「大起第舍，而（其妻孫）壽亦對街為宅，殫極土木，互相誇競。堂寢皆有陰陽奧室，連房洞戶。柱壁雕鏤，加以銅漆；窗牖皆有綺疏青瑣，圖以雲氣仙靈。臺閣周通，更相臨望；飛梁石蹬，陵跨水道。金玉珠璣，異方珍怪，充積臧室。遠致汗血名馬。又廣開園囿，採土築山，十里九阪，以象二崤，深林絕澗，有若自然，奇禽馴獸，飛走其間。」

《鹽鐵論散不足》又載云：

> 古者，……采椽不斲，茅茨不翦，無斫削之事，磨礱之功。大
> 夫達棱楣，士穎首，庶人斧成木構而已。今富者井乾增梁，雕
> 文檻楯，堊壁飾。

認為宮殿奢靡對森林資源的無度耗費，是造成當時「材木不足用」的
主要原因。所以，《鹽鐵論》作者由此發出感歎說：「當今世，非患禽
獸不損，材木不勝，患僭侈之無窮也」（《鹽鐵論通有》）。這和《管子
侈靡》所記載的先秦時「不飾宮室，則材木不可勝用」（《鹽鐵論通
有》士大夫語引）的情形形成了迥然的對比。所以，賢良文學力斥
曰：「宮室奢侈，林木之蠹也。」（《鹽鐵論散不足》）

由於統治者崇尚奢侈，忽視對生態資源的有效保護，在全國造成
了極大的負面影響。舉國紛紛仿傚，加快和加劇了生態資源破壞的步
伐與程度。《淮南子俶真》即以亂砍濫伐樹木為例說：

> 今夫樹木者，……一人養之，十人拔之，則必無餘蘖，又況與
> 一國同伐之哉？雖欲久生，豈可得乎！

而且，《淮南子說山》還在總結歷史教訓和聯繫現實的基礎上，一針
見血地指出，統治者的殘酷剝削是導致生態資源被破壞的一個重要
原因：

> 宋君亡其珠，池中魚為之殫。故澤失火而林憂。上求材，臣殘
> 木；上求魚，臣乾穀；上求楫而下致船。

《淮南子》作者進而警告當局者：歷史上只有處於「衰世」的王朝統治者，才會為滿足奢侈豪華的生活，而一味掠奪性地利用生態資源，罔顧生態失衡的嚴重後果。強調無論是「構木為臺，焚林而田」，還是「燒燎大木，鼓橐吹埵，以銷銅鐵」，其結果都是「山無峻幹，林無柘梓；燎木以為炭，燔草以為灰；野莽白素，不得其時；上掩天光，下殄地財」，是一種極大的浪費。這種無度地耗費自然資源，甚者「足以亡天下」：

> 凡亂之所生，皆在流遁。流遁之所生者五[15]：大構駕，興宮室，……此遁於木也。鑿污池之深，肆畛崖之遠，……此遁於水也。高築城郭，設樹險阻，崇臺榭之隆，侈苑囿之大，……此遁於土也。大鐘鼎，美重器，……此遁於金也。煎熬焚炙，調齊和之適，以窮荊、吳甘酸之變，焚林而獵，燒燎大木，鼓橐吹埵，以銷銅鐵，靡流堅鍜，無猒足目，山無峻幹，林無柘梓，燎木以為炭，燔草而為灰，野莽白素，不得其時，上掩天光，下殄地財，此遁於火也。此五者一，足以亡天下矣。（《淮南子本經》）

（三）提出生態保護措施

秦漢時期生態思想豐富的另一個重要表現，就是時人針對當時生態環境惡化的現實而提出了具體的生態保護措施。概括起來，主要包括土地資源、林業資源和野生動物資源的合理利用與保護等幾個方面。

---

15 高誘注云：「流，放也。遁，逸也」。這裏的「流遁」，即浪費。「五」指木、水、土、金、火五行。

1 土地資源的合理利用與保護

中國傳統社會是一個典型的農業社會。農業生產與土地資源須臾不可分離。因此，注重保護土地資源，是中國傳統生態思想的重要內容。

秦漢時期，人口急劇增長，大大地刺激了當時社會對土地的開墾，破壞了土地資源，水土流失嚴重；另一方面，現有耕地又沒有得到很好地開發與利用。針對這種情況，當時的學者提出了以下主張：

第一，因地制宜，合理利用土地資源，充分發揮土地資源的經濟效益。如《淮南子齊俗》繼承了先秦「土宜說」的思想[16]，提出：「水處者漁，山處者木，穀處者牧，陸處者農」，主張「肥磽高下，各因其宜。丘陵阪險，不生五穀者，樹以竹木」。東漢末年王充《論衡量知》也說：「地性生草，山性生木。如地種葵韭，山樹棗栗，名曰美園茂林。」無不主張根據土地自身的特點及屬性，合理地利用土地，當農則農，宜林則林，適牧則牧，應漁則漁，以提高土地資源的利用率，充分發揮土地資源的效益。

第二，防治土壤侵蝕，改良土壤，提高土地肥力。《氾勝之書》中記載了氾勝之關於防治土壤侵蝕的思想主張：「區田以糞氣為美，非必須良田也。諸山陵近邑高危傾阪及丘城上，皆可為區田。區田不耕旁地，庶盡地力。凡區種，不先治地便荒地為之。」（《齊民要術種穀》引）這就是中國歷史上著名的區田法記載，它是氾勝之在總結丘陵地帶百姓生產實踐的基礎上創立的保持水土的方法。這種不對山地植被造成任何破壞的丘陵山地的種田法，既保護了山地的水土，又可防止山地土壤的侵蝕。

---

16 如《周禮·大司徒》：「以土宜之法，辨十有二土之名物，以相民宅，而知其利害，以阜人民，以蕃鳥獸，以毓草木，以任土事。辨十有二壤之物，而知其種，以教稼穡樹藝」。關於「土宜」，具體參見本書第七章相關內容。

　　為改良鹽鹼地的土壤，西漢賈讓結合治理河泛，提出了灌溉與填淤加肥並用的措施。《漢書溝洫志》：

> 通渠有三利，不通有三害。民常疲於救水，半失作業；水行地上，湊潤上徹，民則病濕氣，木皆立枯，鹵不生穀；決溢有敗，為魚鱉食：此三害也。若有渠溉，則鹽鹵下濕，填淤加肥；故種禾麥，更為秔稻，高田五倍，下田十倍；轉槽舟船之便：此三利也。

這種措施，主要是通過渠灌、降低水位的手段，達到降低土地鹽鹼度、改良土壤的目的。賈讓的這一主張，經由實踐，被證明是行之有效的。東漢時，「崔瑗為汲令，乃為開渠造稻田，薄鹵之地，更為沃壤，民賴其利」（《太平御覽職官部》引《崔氏家傳》）。此事，《後漢書崔瑗傳》亦曾有載：崔瑗「遷汲令。……為人開稻田數百頃。視事七年，百姓歌之」。

　　第三，精耕細作，保護耕地。《論衡率性》：

> 夫肥沃墝，土地之本性也。肥而沃者性美，樹稼豐茂；而墝者性惡，深耕細鋤，厚加糞壤，勉致人功，以助地力，其樹稼與彼肥沃者相似類也。

作者主張通過耕種與施肥、用地與養地相結合的手段，來達到使耕地「肥而沃」且土地肥力經久不衰的目的。在糞肥的使用上，《氾勝之書》還主張使用綠肥：「春氣未通，則土歷適不保澤，終歲不宜稼，非糞不解。慎無旱耕。須草生，至可種時，有雨即種，土相親，苗獨生，草穢爛，皆成良田」，「輒平摩其塊以生草，草生復耕之。」（《齊

民要術耕田》引）利用平整土地的間隙讓土地生長雜草，當雜草生長到一定程度時，再進行耕地。這樣，下雨後播下的種子和土壤緊密地接觸，有利於莊稼出苗，而雜草腐爛又可使農田肥沃。這種養草肥田的方式，與現代生草輪作有幾多相似之處[17]。

2 林業資源保護主張

在秦漢所有被破壞的生態資源中，林木當為程度嚴重者之一種。那時，森林在人們的心中與農業乃至財富密切相關，司馬遷就把擁有「千樹」者視為「千金之家」。漢末思想家仲長統言：「叢林之下，為倉庾之坻。」（《齊民要術序》）明確指出，種植林木有利於農業生態的改善，促進糧食生產。而漢初的《淮南子》更強調山林是財富之源，只要山林無損，百姓乃生有所依，「地有財，不憂民之貧也，百姓伐木芟草，自取富焉」（《淮南子詮言》）。因此，秦漢之人對當時「民入山鑿石，發洩藏氣」（《後漢書順帝紀》）的破壞山林之舉表示了強烈的憤慨，極力主張「無伐名木，無斬山林」（《春秋繁露求雨》），以保護山林。

為保護日漸消失的林業資源，《淮南子主術》援引「先王之法」，提出實行「不焚林而獵。……草木未落，斤斧不得入山林」的措施。具體而言，即《四民月令》所載的「自正月以終季夏，不可伐木」，「冬十一月，……伐竹木」等。這種「時禁」主張的目的，就是便於林木的順利生長。而東漢的王符，則從防火的角度提出了保護森林的措施：「夫山林不能給野火，……皆所宜禁」（《後漢書王符傳》），從

---

17 而且，農學史專家對《氾勝之書》所載「平摩」即依靠耕地碎土與摩平土面的和土保墒方法予以了極高的評價。認為此法不僅「發揮了和土保墒的作用」，而且也「為後世奠定下保墒的有效技術基礎」。參見中國農業科學研究院等：《中國農學史（初稿）》（北京市：科學出版社，1959年），上冊，頁166。

而達到「草木之發若蒸氣」的目的，保證森林資源的再生，使其永無枯竭之患。

3 野生動物資源保護措施

　　與保護林業資源相聯繫，秦漢時還有人提出了保護野生動物的措施，其中最全面與最力者，當數《淮南子》作者。就其論及的保護範圍而言，既有空中飛鳥，又有陸上走獸，也有水澤中的魚鱉；就其具體措施來看，《淮南子主術》注意到了「先王之法」的制裁作用：

> 故先王之法，畋不掩群，不取麛夭，不涸澤而漁，不焚林而獵。豺未祭獸，罝罦不得布於野；獺未祭魚，網罟不得入於水；鷹隼未摯，羅網不得張於谿谷；草木未落，斤斧不得入山林；昆蟲未蟄，不得以火燒田。孕育不得殺，觳卵不得探，魚不長尺不得取，豚不期年不得食。

主張取用「先王之法」，推行「時禁」，反對「涸澤而漁」、「焚林而獵」的滅絕式捕獵行為，提出保護母、幼獸，建立合理的田獵制度，做到適時而取。否則，「焚林而獵，愈多得獸，後必無獸」(《淮南子人間》)。

　　《淮南子》在主張傚仿「先王之法」保護野生動物資源的同時，還重視加強保護野生動物資源的教育，強調發揮道德的規範作用。《淮南子泰族》：「密子治亶父，巫馬期往觀化焉，見夜漁者得小即釋之，非刑之能禁也。」以此來說明加強愛護野生動物資源教育的重要性。

　　尤為重要的是，《淮南子》在主張保護野生動物資源時，還提出了「食其食者不毀其器，食其實者不折其枝。塞其源者竭，背其本者

枯」的可持續發展與利用的思想。提出保護野生動物，必須注意保護其生存的環境，「欲致魚者先通水，欲致鳥者先樹木。水積而魚聚，木茂而鳥集。」認為如此才能達到「禽獸之歸若流泉，飛鳥之歸若煙雲」（《淮南子》之〈說林〉、〈說山〉、〈主術〉）的目的。

（四）結語

生態思想是人們對特定歷史時期內生態狀況的認識和思考，是中國豐繁的思想體系中一重要支系。僅就秦漢時期的生態思想而論，筆者以為：

第一，秦漢時期，無論就其思想主體即具有生態思想的人來看，還是從思想的客體即構成生態環境的要素而論，該階段的生態思想都具有異常豐富的特徵。當時，不論是政治家如貢禹者流，還是思想家如董仲舒者，或是學人如王符之輩，也不論是儒家（如董仲舒等）還是雜家（如《淮南子》編者們），都對生態環境及其構成要素的狀況、變動及其原因、保護等，提出了自己的主張或看法；同時，時人的關注對象也極其廣泛，既包括水、土地資源，也包括林木、動物等資源，凡是構成生態環境的主要生態要素，都是當時人們關注、探討的對象。

第二，眾所週知，中國古代是一個以農立國的社會。「農，天下之本，務莫大焉」（《漢書文帝紀》）。重農，是中國傳統社會的一貫政策。大自然是人類衣食父母，人類衣食住行，無一不源於大自然。農業生產則是先人從大自然獲取自己所需生活品的主要方式。在當時生產力發展水準極為低下的情況下，大自然本身狀況之良窳攸關人類生存狀況之優劣。因此，古人十分清楚利用自然、保護自然環境對其農業生產和日常生活是何等的重要，秦漢時期概莫能外。《淮南子主術》曰：

> 食者，民之本也。民者，國之本也。國者，君之本也。是故人
> 君者，上因天時，下盡地財，中用人力，是以群生遂長，五穀
> 蕃殖。教民養育六畜，以時種樹，務修田疇滋植桑麻，肥磽高
> 下，各因其宜。丘陵阪險不生五穀者，以樹竹木，春伐枯槁，
> 夏取果蓏，秋畜蔬食，冬伐薪蒸，以為民資。

認為只有因天順時、盡用地利，才能達到「地有財，不憂民之貧也」
（《淮南子詮言》）的目的。而不及時妥善地保護生態資源，嚴重者可
導致亡國。如《鹽鐵論刺權》漢士大夫曰：

> 今夫越之具區，楚之雲夢，宋之巨野，齊之孟諸，有國之富而
> 霸王之資也。人君統而守之則強，不禁則亡。

因此，從產生的動因來看，中國傳統時代的生態思想，烙有極其濃鬱
的農業經濟印記。

第三，秦漢時期生態思想的提出，從實踐的角度來考察，還具有
一定的警世作用，促使統治者在生態保護方面有所作為。為引起世人
特別是統治者關注自然生態狀況，當時人們在提出自己生態主張時，
無不注意反覆強調「聖王」等時代的成法和成教，「先王之法」、「先
王之教」和「先王之政」等被頻頻冠之於其主張前。如賢良文學派就
曾引孟子之語云：

> 不違農時，穀不可勝食。蠶麻以時，布帛不可勝衣也。斧斤以
> 時，材木不可勝用。田漁以時，魚肉不可勝食。（《鹽鐵論通
> 有》）

以此來批判當時「飾宮室，增臺榭，梓匠斫巨為小，以圓為方，上成雲氣，下成山林」的奢侈毀林現象，指出這是造成其時「材木不足用」的主要原因，並得出結論說：

> 當今世，非患禽獸不損，材木不勝，患僭侈之無窮也；非患無茆菌橘柚，患無狹廬糟糠也。(《鹽鐵論通有》)

這種借助「先王之法」來批駁時勢政治、提出自己生態主張的方法，在當時崇儒尊古的形勢下，易於促使執政者迫於「先王之法」的威勢而接受其思想，並在實踐中有限地付諸實施，秦漢時相關生態職官的設置和有關生態法律的制定，就是其具體表現，並在生態保護實踐方面起到了一定的積極作用。

　　第四，秦漢時期的生態思想，無論是從其產生的基礎和所起的作用來考察，還是從歷史的源流、影響來看，都具有承前啟後的重要意義。首先，秦漢時期的生態思想與先秦乃至更早的生態思想、生態保護實踐，具有直接的淵源繼承關係。如《淮南子時則》，就是在踵繼《禮記月令》和《呂氏春秋》「十二紀」之「以時禁發」精髓的基礎上，進一步強調了人類行為舉措要根據自然界生物的生長規律，在一年四季內針對保護對象的具體情況，更好地利用、保護生態資源；其次，秦漢時期的生態思想也對以後歷史時期生態思想的豐富與發展產生了深遠的影響。如董仲舒的「天人相應」學說即為後世所承傳和發揮，成為思想者提出生態保護主張、呼籲保護生態資源的重要理論基礎和根據。

二 秦漢時期生態保護法律

秦漢時期是中國歷史上生態環境品質變動較大的一個階段，個中之由，學界已有所探討如[18]。然從生態保護法律的角度對之加以深入研究者，不曾有之。這種情形的出現，殆與該階段所徵文獻之不足頗有關聯；而近年來的一些考古發現，如雲夢秦簡、居延新簡和敦煌懸泉漢簡等及其成果的面世，對推動秦漢時期的生態法律研究具有不可低估的積極意義。這裏以文獻記載、考古發現材料為依據，對秦漢時期的生態保護法律作一初步的探究。需要說明的是，在《漢律》已亡的情況下，這裏的「文獻記載」，主要是秦漢君王在不同時期所頒佈的詔書、命令或訓誡和嘉德懿行等，因為在當時，它們同法律條文一樣，具有巨大的法律效力，對人們的行為形成制約作用。

（一）自然資源保護、合理利用與培植法律

秦漢時期的法令，涉及的對象和具體內容都比較寬泛。就有關生態方面來說，亦是十分豐富的，主要表現為對如植物（尤其是林業）、動物、水利等生態資源的管理與保護，嚴懲破壞生態資源的行為；合理利用生態資源；注意對生態資源特別是植物的培植。

1 生態保護法律

秦漢時期對生態的保護，主要體現在對植物、動物、水自然資源的管理和保護上，禁止破壞上述生態資源。

（1）對植物的保護。秦漢時對植物的保護，主要是對森林等資

---

18 李丙寅：〈略論秦代的環境保護〉，《黃淮學刊》1990年第1期（1990年）、李丙寅：〈略論漢代的環境保護〉，《河南大學學報》1991年第1期（1991年）、倪根金：〈秦漢環境保護初探〉，《中國史研究》1996年第2期（1996年）等。

源的保護。這一時期建立了一整套較為嚴格、完備的森林保護法規。
秦代對森林的保護，最早可追溯到商鞅變法時期。當年商鞅頒佈的法
律條文中，就有「壹山澤」（《商君書墾令》）和「刑棄灰於道者」
（《史記李斯列傳》）的規定。前者強調的是山林為國家所有，政府對
山林實施統一的管理權，封山育林，禁止私人擅自砍伐樹木；後者則
是為了防止棄於道上的灰燼餘火復燃，殃及周圍林木而作出的規定。
其後，商君雖死而「秦法未敗」（《韓非子定法》），兩法均被保存與繼
承下來。

　　統一後的秦朝，其法律制度更趨完備，制定了專門的自然資源保
護法律，並頒佈於六合而付諸實施。秦始皇本人對保護森林資源也相
當重視。戰國以來，中原各地連年用兵，刊木堙井為行軍之慣技。秦
承兵燹之餘而一統天下，秦初的黃河流域之森林，因而被踐踏殆盡。
據陳嶸《中國森林史料》所輯，相傳當年秦始皇巡幸諸地、東臨泰山
時，見山上花木鮮見，乃下令「無伐草木」[19]。《秦律田律》中也可見
類似於此的對森林資源保護的明確規定：

　　　　春二月，毋敢伐材木山林⋯⋯不夏月，毋敢夜草為灰，取生
　　　　荔⋯⋯惟不幸死而伐綰（棺）享（槨）者，是不用時。

是律明言春天二月不准趨山伐木，禁止攀摘新吐芽蕊的植物。對於其
中「不夏月，毋敢夜草為灰」之「夜」，睡虎地秦簡整理小組注「疑
讀為擇。夜草為灰，意為取草燒灰，作為肥料」。稱此解可以《禮記
月令》仲夏之月「毋燒灰」為證[20]；而陳偉武則從訓詁學的角度，稱

---

19 陳嶸：《中國森林史料》（北京市：中國林業出版社，1983年），頁17。
20 睡虎地秦墓竹簡整理小組：《睡虎地秦墓竹簡》（北京市：文物出版社，1990年），
　　頁20。

「夜」可讀作「佘」，意為「燒榛種田」，並引《居延新簡》EPT5：
100之「山林，燔草為灰，縣鄉所□□□□」[21]為證，認為「燔草為
灰」與秦簡之「夜（佘）草為灰」詞義相同。《田律》之「不夏月，
毋敢夜草為灰」的「夜草為灰」與《禮記月令》仲夏「令民毋艾藍，
毋燒灰」不同，前者是燒灰肥田，而後者則根據清代孫希旦《禮記集
解月令》注，當為「燒灰湅布」[22]。此說甚是。這裏，我們進一步指
出，《田律》「不夏月，毋敢夜草為灰」與《禮記月令》仲夏之月「毋
燒灰」在規定上也不一致，前者意即夏月可「夜草為灰」，和《禮
記》夏月「毋燒灰」恰恰形成矛盾。其實，對於《禮記》仲夏「毋燒
灰」的原因，早在東漢時期，高誘就予以了點明：「是月炎令威猛，
暴布則脆傷之。」另外，宋人張處《月令解仲夏之月》曰：

> 藍以染青，故青出於藍。夏染之為最美也。聖人恐其取之多，
> 非所以助物長，故戒之。《周禮染人》注：凡染當及盛暑熱
> 潤。則是月用藍以染，正得其宜。既戒人無艾藍矣，又令毋燒
> 灰暴布，此二事亦為染髮也。《考工記》氏湅帛以欄為灰，言
> 以欄木之灰漸釋，其帛則灰，為染之用矣。布為人之服，去地
> 尺曰暴，晝暴諸日，則布亦必暴矣。燒灰暴布則耗傷陽氣，不
> 欲張而用之也。

這一說法，同樣證明了《禮記》「毋燒灰」和《田律》「毋敢夜草為
灰」規定的不是同一內容。所以，筆者贊同陳偉武之論，《禮記》、
《田律》所載並非一事。不過，無論「夜」作何解，我們說《田律》

---

21 甘肅省文物考古研究所等：《居延新簡》（北京市：文物出版社，1990年），頁24。
22 陳偉武：〈從簡帛文獻看古代生態意識〉，收入李學勤：《簡帛研究》第3輯（南寧
　　市：廣西教育出版社，1998年）。

之「不夏月，毋敢夜草為灰」仍具有積極的生態資源保護意義，其中
不排斥含有防止山林火災、以保護處於生長旺盛期內的林木[23]的考慮。

　　兩漢時期也頒佈了一系列的生態保護法律。張家山二四七號漢墓
中的竹簡《二年律令田律》就規定：「春夏毋敢伐材木山林，……燔
草為灰」[24]。表明西漢初年制定、實施的生態法律中已有保護森林的
條文。西漢末年，王莽監政時所頒行的《四時月令詔條》中，也同樣
有保護森林資源的條文。其中的「孟春月令十一條」有「禁止伐木」
之律令：「禁止伐木。謂小大之木皆不得伐也，盡八月。草木零落，
乃得伐其當伐者」；同時規定：仲春之月「毋焚山林。謂燒山林田
獵，傷害禽獸口蟲草木……【正】月盡……」；仲夏之月「毋燒灰
口」[25]。從仲春所附釋文來看，此一規定雖出於「燒山林田獵，傷害
禽獸」的考慮，但從鄭玄注《禮記月令》「仲春之月」「毋焚山林」等
是「順陽養物」之語來看，詔令中的這些條文在其目的和客觀實際
上，都不能說與森林資源的保護無多大干係，這一點可以《後漢書王
符傳》所載「夫山林不能給野火，……皆所宜禁」為證。

　　除法律條文外，秦漢時期皇帝的詔令等也具有法律的效力，其中
涉及植物資源保護的，當亦屬於生態法律的一部分。如武帝於元封元
年（前110年）春正月登臨崇嵩（嵩高）時，曾詔令：「禁無伐其草
木」；元帝初元三年（前46年）也有詔告誡「有司勉之，毋犯四時之
禁」（《漢書》之《武帝紀》、《元帝紀》）。東漢步西漢之後塵，也積極
地推行對植物的保護。光武皇帝於建武四年（28年）五月頒詔曰：

23　余華青：〈秦漢林木初探〉，《西北大學學報》1983年第4期（1983年）。
24　張家山二四七號漢墓竹簡整理小組：《張家山漢墓竹簡（二四七號墓）》（北京市：
　　文物出版社，2001年），頁167。
25　胡平生等：《敦煌懸泉漢簡釋粹》（上海市：上海古籍出版社，2001年），頁192-195。

「吏民毋得伐樹木」[26]；明帝時亦曾頒佈了保護樹木等植物的法令。順帝時，「民入山鑿石，發洩藏氣」，導致森林大面積被毀。為控制事態的進一步發展，順帝於永建四年（129年）「敕有司檢察所當禁絕，如建武、永平故事」（《後漢書順帝紀》）。由此也可看出光武、明帝時對植被保護的得力及其頒佈的法令對後世的影響之深遠；章帝還曾數次降旨，禁止春天肆意伐木，以便樹木生長。如他在元和二年（85年）詔三公曰：「方春生養，萬物莩甲，宜助萌陽，以育時物」（《後漢書章帝紀》）等。

秦漢時期重視對植物的保護，還體現在對破壞植物行為的嚴懲上。《秦律法律答問》明言：「或盜採人桑葉，臧（贓）不盈一錢，可（何）論？貲徭三旬」[27]。偷盜他人桑葉，儘管其值不屑一錢，仍要受到服徭役三十日的懲處。漢代對林木的保護也同樣嚴格，如漢律《賊律》載：「賊伐樹木禾稼，……準盜論」[28]，對盜伐林木者要處以強盜罪。東漢明帝永平年間（58－75年）甚至「詔禁吏卒不得繫馬宮外樹，為傷害其枝葉」（《太平御覽文部九》引），目的就是使林木免遭損害；而對於那些盜伐皇家陵園樹木者，其處罰則更為嚴重。據《太平御覽木部三》引《三輔舊事》云：「漢諸陵皆屬太常，又有盜柏者棄市」。由對破壞植物行為嚴懲這一點，我們可知漢代對林木的保護還是比較嚴格的。

（2）對動物的保護。秦漢時期，轄內各地動物資源異常豐富，

---

26 甘肅省文物考古研究所：《居延新簡釋粹》（蘭州市：蘭州大學出版社，1988年），頁66。

27 睡虎地秦墓竹簡整理小組：《睡虎地秦墓竹簡》（北京市：文物出版社，1978年），頁154。

28 張鵬一：《漢律類纂・賊律》（廣東：格致學堂鉛印本，1907年）。民國程樹德《九朝律考》引《晉書・刑法志》載秦漢《賊律》有「賊伐樹木」文，具體參見氏著：《九朝律考・漢律考三・律文考》（北京市：中華書局，1963年），頁55。

種類繁多。如南方的閩越「林中多蝮蛇猛獸」（《漢書嚴助傳》）；粵地
「多犀、象、毒冒、珠璣」（《漢書地理志下》）；西南則產犛牛，「出
名馬。有靈羊，……又有食藥鹿，……又有五角羊」（《後漢書南蠻西
南夷傳》）；東北地區則以「出名馬、……貂豽」（《後漢書東夷傳》）
而馳名；就是當時人口集中、經濟發達的黃河流域，也普遍生有各類
動物，如《史記貨殖列傳》就說「龍門、碣石北多馬、牛、羊、旃
裘、筋角」等等。對秦漢時期動物資源的分佈狀況，成書於漢初、後
被列為十三經之一的《爾雅釋地》記曰：

> 南方之美者，有梁山之犀象焉。……北方之美者，有幽都之筋
> 角焉。東北之美者，有斥山之文皮焉。……東方有比目魚焉，
> 不比不行，其名謂之鰈。南方有比翼鳥焉，不比不飛，其名謂
> 之鶼鶼。西方有比肩獸焉，與邛邛岠虛比，為邛邛虛岠齧甘
> 草。即有難，邛邛岠虛負而走，其名謂之蹷。

正是因為各類動物廣布全國，當時舉國不少地區居民仍過著漁獵的生
活。如地域廣大的江南地區民眾就「以漁獵山伐為業」（《漢書地理志
下》），東漢桓帝時的「西州」之人則以「鞍馬為居，射獵為業」（《後
漢書陳龜傳》）等等。

秦漢時期，見諸記載最早的保護動物資源的法律乃《秦律》之
〈田律〉[29]：

> 不夏月，毋敢……取生荔、麝卵觳，毋□□□□□□毒魚鱉，

---

29 睡虎地秦墓竹簡整理小組：《睡虎地秦墓竹簡》（北京市：文物出版社，1978年），
　頁26。

> 置穽罔，到七月而縱之。……邑之紆（近）皁及它禁苑者，麛
> 時毋敢將犬以之田。百姓犬入禁苑中而不追獸及捕獸者，勿敢
> 殺；其追獸及捕獸者，殺之。河（呵）禁所殺犬，皆完入公；
> 其它禁苑殺者，食其肉而入皮。

是法清晰地規定了不到夏季不准捕捉幼獸、幼鳥和探取鳥卵，嚴禁毒殺魚鱉，不許設置捕獲野獸的陷阱及網罟，並在時間上予以嚴格的限制。同時，對進入皇家禁苑內的民犬，若不傷害動物則予以保護；若傷害動物，則斃之不怠，直至食其肉而僅留其皮毛。秦代這一禁止胡亂捕殺動物的生態法令的頒佈，對保護獸禽的繁殖、生長和維護生態資源的平衡，都大有裨益。

秦時期這一動物保護法律，還可從一九八九年在湖北雲夢城郊龍崗發現的秦代法律簡牘的相關記載中得到進一步的印證[30]：

> 諸馬、牛到所，毋敢穿穽及置它機，敢穿穽及置它（機）能
> 害□。
> □人馬、牛者□。
> □雖未有。
> □殺傷殹（也），貲二甲；殺傷馬□。
> □與為盜□。

是律規定：凡是馬、牛經過的地方，不得設置陷阱或安放其它捕獲動物的設置；若有敢於設置陷阱或安放其它狩獵裝置的，對他人的牛馬等造成危害，雖然沒有造成傷害的後果，但也要罰以二甲；若殺傷牛

---

30 中國文物研究所等：《龍崗秦簡》（北京市：中華書局，2001年），頁107。

馬者，則與為盜同罪。龍崗秦簡又對狩獵作出相應規定，若不按有關要求而狩獵者，則要被繩之以法，或在物質上予以懲處：「田不從令者，論之如律。□一盾；非田時毆（也），及田不□□坐□」[31]。這些規定與雲夢秦簡《田律》的記載如出一轍，由此可見秦時對動物的保護法令是相當賅備的。

　　漢代對野生動物資源的保護也高度重視，西漢初年亦曾制定並頒佈過《田律》。新近公佈的張家山漢簡《二年律令田律》就禁止民間隨意捕獲產卵的動物，「毋殺其繩重者，毋毒魚」[32]。根據整理者的解釋，所謂的「繩重者」，就是懷孕待產的野獸。《二年律令田律》所保護的對象，主要是字乳之獸、魚等動物。西漢末年頒佈並被寫在泥牆上而具有法律效力的《四時月令詔條》，對漢代的動物保護更有十分明確、詳細的規定。該《詔條》不僅有正式的法律條文，而且其後還附有對條文加以具體解釋的釋文。為具體地反映《詔條》對保護動物所作的規定，茲將其有關條文及其釋文臚列如下[33]：

　　孟春月令：

> 毋摘剿（即巢，下同——引者注）。謂剿空實皆不得摘也。空剿（巢）盡夏，實者四時常禁。
> 毋殺口（孩）蟲。謂幼少之蟲、不為人害者也，盡九【月】。
> 毋殺孢。謂禽獸、六畜懷任有孢者也，盡十二月常禁。
> 毋夭蜚鳥。謂夭蜚鳥不得使長大也，盡十二常禁。

---

31 中國文物研究所等：《龍崗秦簡》（北京市：中華書局，2001年），頁110。

32 張家山二四七號漢墓竹簡整理小組：《張家山漢墓竹簡（二四七號墓）》（北京市：文物出版社，2001年），頁167。

33 中國文物研究所等：《敦煌懸泉月令詔條》（北京市：中華書局，2001年），頁4-6。另見胡平生等：《敦煌懸泉漢簡釋粹》（上海市：上海古籍出版社，2001年），頁193-195。後者個別文字與句讀，和前者有所異。

> 毋麛。謂四足……及畜幼少未安者也，盡九月。
> 毋卵。謂蜚鳥及雞□卵之屬也，盡九月。

中（仲）春月令：

> 毋□水澤，□陂池、□□。四方乃得以取魚，盡十一月常禁。
> 毋焚山林。謂燒山林田獵，傷害禽獸□蟲草木……【正】月
> 盡……

季春月令：

> 毋彈射蜚鳥，及張羅、為它巧以捕取之。謂□鳥也……

孟夏月令：

> 毆獸【毋】害五穀。謂□……
> 毋大田獵。盡八（？）月。

上述律文主要是針對保護鳥獸魚蟲等動物資源而規定的，其中以鳥獸類動物的保護內容為多，魚類次之，蟲類僅附帶一條。在具體內容方面，以強調保護鳥卵、字乳之獸和幼小鳥獸為主，並從保護著眼而對人類的活動作出了明確的限定。如孟春第一條就把鳥巢分為空、實二種，空巢秋季開禁，可以探取；而實巢則全年禁止任何探取。仲春第一條規定一年四季只有十二月可以竭澤而漁。孟夏第一條則規定對傷害農作物的野獸，只能採用驅趕的辦法來解決，而不能將之殺戮。中國是一個「重農」的國度，〈詔條〉的頒行者在處理農業經濟和生態

保護的兩難中作出如此規定，充分說明了統治者對保護動物資源的重視。

除上述考古材料外，兩漢君主也頒佈了相當豐富的保護動物資源的詔書。如武帝就曾在後元元年（前88年）下詔云：「朕……巡於北邊，見群鶴留止，以不羅網，靡所獲獻」（《漢書武帝紀》）。對此，如淳注曰：「時春也，非用羅網時，故無所獲也」。可見秦時春天禁止捕獵動物的法令在漢時得以繼承，就連宇內至尊的漢武帝有時也不能除外，不得不遵守是法；宣帝元康三年（前63年）「春，五色鳥以萬數飛過屬縣，翱翔而舞，欲集未下」，一直持續到夏六月。為保護這些飛鳥不被傷害，宣帝下達了漢代見諸具體文字記載中最早的保護鳥類的詔令：「其令三輔毋得以春夏擿巢探卵，彈射飛鳥。具為令」。所謂的「五色鳥」即「爵」，為一種「大如鷃爵，黃喉，白頸，黑背，腹斑文」的鳥（《漢書宣帝紀》及晉灼注）。儘管宣帝以詔令的形式保護鳥類是由於他認為萬數鳥聚是吉祥之兆，但它在客觀上確實起到了保護鳥類的法律作用。正是由於宣帝對之保護而使之免遭傷害，遂有次年春「神爵仍集」的局面：「神爵五采以萬數集長樂、未央、北宮、高寢、甘泉泰畤殿中及上林苑」（《漢書宣帝紀》）。

由上我們不難看出：兩漢政府對野生動物的保護較為重視，其時的一些官員對此也頗為清晰。如東漢初年太守司空第五倫就曾說漢「律不得屠殺少齒」（《風俗通義怪神》引）；而一些失職的官吏，也遭到了漢律的處罰。如據清初《佩文韻府入聲》引《漢書功臣表》載，武帝元鼎四年（前113年），安丘懿侯張拾就曾「坐入上林謀盜鹿」。

（3）對水利資源的保護。水是萬物之源：「水者何也？萬物之本原也，諸生之宗室也。」（《管子水地》）農業社會的中國，自古就視水利為農業的根本，重視水利工程的建設與保護。如荀子就把興修水利作為防治旱澇災害的重要途徑和手段，主張「修堤梁，通溝澮，行

水潦，安水藏，以時決塞。歲雖凶敗乾旱，使民有所耘艾」（《荀子王制》）；《禮記月令》載云：「季春之月，……命司空曰：時雨將降，下水上騰，循行國邑，周視原野，修利隄防，道達溝瀆，開通道路，毋有障塞。」

對「農，天下之本也。泉流灌浸，所以育五穀也」（《漢書溝洫志》）的作用和意義，秦漢統治者認識頗為深刻，因此十分注意水利資源的利用和保護。戰國時期，各國為削弱鄰國的力量而「以鄰為壑」，設置了許多「雍防百川，各以自利」（《漢書溝洫志》）的堤防。秦始皇統一中國後，就「墮壞城郭，決通川防，夷去險阻」（《史記秦始皇本紀》），並建立了河川堤防制度，明確規定春季不准「雍（壅）堤水」[34]。另據四川青川郝家坪秦牘《為田律》之「十月，為橋，修波（陂）堤，利津梁」[35]的記載，秦時期還把每年十月作為整修川澤陂池等水利灌溉工程的時間，並以律文的形式寫進了法律中。

漢時也有水利資源的利用和保護的法律。如敦煌懸泉《四時月令詔條》載[36]：

季春月令：

修利隄防。謂【修築】堤防，利其水道也，從正月盡夏。
道達溝瀆。謂□濬雍塞，開通水道也，從正月盡夏。

---

34 睡虎地秦墓竹簡整理小組：《睡虎地秦墓竹簡》（北京市：文物出版社，1990年），頁20。

35 四川省博物館等：〈青川縣出土秦更修田律木牘——四川青川縣戰國墓發掘簡報〉，《文物》1982年第1期（1982年）。

36 中國文物研究所等：《敦煌懸泉月令詔條》（北京市：中華書局，2001年），頁5、6。另見胡平生等：《敦煌懸泉漢簡釋粹》（上海市：上海古籍出版社，2001年），頁194、196。後者個別文字，與前者有所異。

孟秋月令：

> 【完堤】防，謹雍【塞】……謂完堅堤□……。【備秋水
> □】……。

《詔條》「季春月令」規定，「從正月盡夏」要「修利堤防」、「道
達溝瀆」，即修築河渠川澤堤防，疏「濬雍塞，開通水道」以「利其
水道」；季春時需對堤防溝渠加以修繕，以備春汛將至；孟秋時節，
則要「【完堤】防，謹雍【塞】」，亦即「完堅堤□……。【備秋水
□】」[37]。要求地方官吏根據規定，對堤防溝渠等水利工程「隨宜疏
導」，既不能屆時不理，更不能「因緣妄發」。如東漢和帝永元十年
（98年）三月的詔書就強調：「堤防溝渠，所以順助地理，通利壅
塞。今廢慢懈弛，不以為負。刺史、二千石其隨宜疏導。勿因緣妄
發，以為煩擾，將顯行其罰」（《後漢書和帝紀》）。申飭在尊重自然、
安民的前提下，修築水利堤防。

　　為加強對水資源的保護、管理與利用，秦漢政府還專門設立了水
資源保護、管理行政機構。秦時就設有「總治水之工」的都水長丞
（屬秦九卿之少府），負責「陂池灌溉，保守河渠」的工作。西漢
時，都水長丞依然存在，「掌諸池沼，後改為使者」。景帝時，都水長
丞歸太常等所屬，「律，都水治渠堤水門。《三輔黃圖》云三輔皆有都
水也」（《漢書百官公卿表上》如淳注）。其後，都水官吏頻增。武帝
時，增設左、右都水使者為之統率，並於元鼎二年（前115年）在中
央配置水衡都尉，有五丞，「衡官、水司空、都水、農倉，又甘泉上

---

37 據胡平生等撰：《敦煌懸泉漢簡釋粹》（上海市：上海古籍出版社，2001年），頁196，
　　「（備秋水□）……」幾字在修補過程中已被塗掉。

林、都水七官長丞皆屬焉」。王莽篡漢後，仍設有水利之官，只是改
水衡都尉為予虞（《漢書百官公卿表上》）。東漢時，改都水長丞為河
堤謁者，又置「司空，公一人。……掌水土事。凡營城起邑、濬溝
洫、修墳防之事，則議其利，建其功。凡四方水土功課，歲盡則奏其
殿最而行賞罰」。把水利資源與工程管理的優劣和行政賞罰結合起
來，對激勵有關吏員熟悉業務、恪盡職守具有積極的意義。同時，東
漢王朝還在「有水池及魚利多」的郡縣「置水官，主平水收漁稅」，
具體負責水資源的利用。如東漢京師洛陽市長下就設有「檄橡丞，三
百石，別治中水官，主水渠，在馬市東，有員吏六人」（《後漢書》之
〈百官志一〉、〈百官志五〉、〈百官志三〉劉昭注引《漢官》）。一些地
方郡縣也因水利之需而設有水利職官，如據《後漢書任延傳》，東漢
任延仕武威太守期間，就曾根據「河西舊少雨澤」的具體情況，「乃
為置水官吏，修理溝渠」，當地一度「皆蒙其利」。

　　在國家政策的感召和影響下，一些官吏主動地探索水利資源的利
用和保護辦法。如景帝、武帝年間，曾任廬江文翁為蜀守，「穿湔江
口，溉灌繁田千七百頃」。蜀地因此而「世平道治，民物阜康」[38]，繁
盛一時；武帝時，大臣兒寬曾表奏朝廷開鑿六輔渠，「定水令，以廣
溉田」，以求達到「為用水之次具立法，令皆得其所也」（《漢書兒寬
傳》及顏師古注）的目的；元帝時的召信臣在任南陽太守期間，一度
「開通溝瀆，起水門提閼凡數十處」，並「為民作均水約束」，以使
「用之有次第」。其均水的具體辦法十分公正、細緻，召信臣將之
「刻石立於田畔，以防分爭」（《漢書召信臣傳》及顏師古注）。足見
漢代官吏對保護水資源的合理利用可謂煞費苦心。據元人李好文的
《長安志圖》卷下記載，召信臣「均水」的具體辦法是：「立三限閘

---

38 〔晉〕常璩：《華陽國志》，卷3，〈蜀志〉。

以分水，……立斗門以均水。……凡用水，先令斗吏入狀，官給由貼，方許開斗。自十月一日放水，至六月遇漲水歇渠，七月住罷。每夫一名，溉夏秋田二頃六十畝，仍驗其工給水。行水之序，須自下而上，晝夜相繼，不以公田越次，霖潦輟功」[39]；哀帝在位期間，黃河「北多溢決」。為治理大河，哀帝「博求能濬川疏河者」。待詔賈讓提出要保護湖泊，不可圍湖造田，以便大河汛期來臨「秋水多」時，有足夠的「陂障卑下」之「污澤」，使洪水「得有所休息，左右遊波，寬緩而不迫」，強調「不以為居邑而妄墾殖，必計水所不及，然後居而田之也」（《漢書溝洫志》及顏師古注）。賈讓說這是治理黃河的上策，也就是「古者立國居民」的常法。

　　同時，民間興修水利似乎亦蔚然成風。如敦煌懸泉漢簡就記載了西北地方「民自穿渠」的情況[40]，表明民間對水利工程的建設與農業生產良窳的密切關係有較清晰的認識。

2　自然資源合理利用的法令

　　（1）對生物資源利用以「時」的規定。所謂的「時」即時節性。對「時」的高度重視，是傳統農業時期自然保護思想的一個重要內容[41]，也是秦漢時期生態法律的重要特徵之一。秦漢時期的法律在生態保護方面，既強調禁之以「時」，同時在利用方面也注重「發必有時」、「取之以時」。具體到生物資源的利用上，就是要求在植物和動物孕育、生長時期，儘量不妄加採伐和戮殺。上引秦漢簡牘中的律

39　〔元〕李好文：《長安志圖》，卷下。另見蒲堅：《中國古代法制叢鈔》（北京市：光明日報出版社，2001年），第1冊，頁426-427。

40　其具體記載為：「民自穿渠，第二左渠、第二右內渠水門廣六尺，袤十二里，上廣五」。參見胡平生等：《敦煌懸泉漢簡釋粹》（上海市：上海古籍出版社，2001年），頁55。

41　張建民：〈論傳統農業時期的自然保護思想〉，《中國農史》1999年第1期（1999年）。

文對之都有大量的規定，兩漢時諸多君王頒佈的詔書對此也多有申
述。如元帝在初元三年（前46年）六月，就曾下詔有司在利用生物資
源時「毋犯四時之禁」；章帝於元和三年（86年）「方春」之時也詔令
各級官吏「無得有所伐殺」，稱自己如此規定是為了「順天」（《漢書
元帝紀》、《後漢書章帝紀》）。這種遵循自然規律的利用以「時」和
「時」禁之法一起，對有效地保護自然生物資源無疑具有積極的意
義。

（2）土地資源的合理利用。「夫土地者，天下之本也」（《漢紀孝
文皇帝紀下》）。作為人類生存之憑，秦漢時期對土地的合理利用予以
了特別的關注。早在統一中國之前，秦國的商鞅就在秦境內制定法
律，大力提倡因地制宜、合理利用土地資源，把「山林居什一，藪澤
居什一，溪谷流水居什一，都邑蹊道居什四」作為「為國任地」的理
想模式（《商君書算地》），並通過變法而在舉國實施。嗣後，「商鞅雖
死，其法未敗」，其中關於土地利用方面的法律肯定也得以遞傳於秦
朝，有學者就指出，《秦律》之《田律》非單講生物資源的保護和利
用，它主要還是一部土地利用的法律。

降訖漢代，時人與秉政者無不注重土地資源的合理利用與保護，
以最大限度地發揮土地生產潛力。如《淮南子齊俗》云：「水處者
漁，山處者木，谷處者牧，陸處者農，地宜其事」；《淮南子主術》：
「肥磽高下，各因其宜。邱陵阪險不生五穀者，以樹竹木」。王充之
《論衡量知》亦云：「地性生草，山性生木。如地種葵韭，山樹棗
粟，名曰美園茂林」。積極主張根據地勢、土地的屬性等合理安排土
地用途，提高土地的利用率。到了新莽時期，王莽則對提高土地的利
用作出了更為明確的規定，對浪費土地的行為懲之以重稅：「凡田不
耕為不殖，出三夫之稅」（《漢書食貨志下》）。

在國家、政府的法律、政策引導下，漢代土地得到了較好的利

用。在當時開發較早的農業區中，以往「不可墾」荒地、地力薄瘠之地和林莽、河灘地等，大多得到了有效的開發和利用，並逐漸成為良田。如貧寒的下邳「徐縣北界有浦陽陂，傍多良田，而堙廢莫修」，中經農人整修，「遂成熟田數百頃」，「後歲至墾千餘頃」（《後漢書張禹傳》）；在黃河瀕河灘地，甚至還出現了人與水爭地的情況（《漢書溝洫志》及顏師古注）。

在提高土地利用率的同時，秦漢時期還對土地的用與養作出了規定。如敦煌懸泉《四時月令詔條》中規定仲冬之月「土事無作」，整個冬季都不得「掘地深三尺以上」[42]，以防冬季土地暴裸在外遭受風蝕，傷及地力，影響來年的可持續利用。另外，漢政府還大力推行農學家氾勝之的耕作、施肥方法，以改良土壤，保護土地資源。

3 生態資源的培植法令

秦漢時期國家對生態資源的培植，以重視植樹為主，並且執政者多次頒佈法令，強調植樹造林。

秦漢時期，國家十分注重植樹工作，並把它法律化。秦政府曾將植樹的情況作為考覈官吏政績優劣的依據之一。據雲夢秦簡中的《秦律雜抄》記載，當時規定漆園種植一年和連續三年被評定為下等者，漆園的管理者嗇夫、縣令及丞均要受到不同程度的經濟制裁；漆園三年為下等者，對管理不善的嗇夫除予以經濟處罰外，還要處之以行政撤職，永不起用[43]。

而秦漢時宣導植樹最為積極者，當數西漢初年的文帝與景帝。兩帝居位數十年，曾多次頒佈詔令，勸民「種樹」。文帝即位之初，就

---

42 中國文物研究所等：《敦煌懸泉月令詔條》（北京市：中華書局，2001年），頁7。

43 睡虎地秦墓竹簡整理小組：《睡虎地秦墓竹簡》（北京市：文物出版社，1990年），頁84。

下詔讓百姓植樹，由於效果不甚佳，他又於前元十二年（前168年）
下詔：「吾詔書數下，歲勸民種樹，而功未興，是吏奉吾詔不勤，而
勸民不明也」。對各級官吏執行植樹詔令不力者進行了指責。景帝後
元三年（前141年）春正月，正是植樹的大好時節，他下詔曰：「其令
郡國務勸農桑，益種樹，可得衣食物」（《漢書》之《文帝紀》、《景帝
紀》）。類似的詔令，《漢書》中有數次之多。

　　西漢末年的王莽，也是個大力宣導植樹者，與文、景諸帝勸民植
樹相比，「性躁擾」的王莽的措施略顯強硬，他採取重罰的手段來刺
激民間的植樹：「城郭中宅不樹藝者為不毛，出三夫之布」。「布」是
王莽改革幣制時「寶貨」之一種：大布、次布、第布、壯布、中布、
差布、厚布、幼布、麼布、小布，「是為布貨十品」。大布重一兩（24
銖），值一〇〇〇錢，以下每品值相差一〇〇，小布重十五銖，值一
〇〇（《漢書食貨志下》）。「夫」乃壯年男子。「三夫之布」當為三壯
布，其值約二一〇〇錢。王莽末年，北方及青、徐諸地人相食，洛陽
以東米石二〇〇〇[44]。按照這一貨幣購買力計算，王莽對不植樹者的
處罰大約為一石米的價錢。在當時飢饉不斷的形勢下，這一處罰也是
不輕的了。

　　各朝皇帝強調以法植樹的同時，也不忘身體力行，其代表者當為
西漢武帝劉徹。據《太平御覽木部三》卷八十八引〈太（泰）山記〉
云：「山南有太山廟，種柏樹千枝，大者十五六圍。長老傳云：『漢武
所植』。」武帝此舉為全體百姓塑造了一個植樹模範的形象。

　　為使植樹法令落到實處，秦漢政府還在中央和地方設置了專門的
官吏。《漢書百官公卿表上》：「少府，秦官，掌山海池澤之稅，以給
供養，有六丞」。除主管水利等外，少府還兼管山林政令和栽培宮

---

44 李劍農：《中國古代經濟史稿》（武漢市：武漢大學出版社，2006年），頁175、179。

中、街衢之樹的職責。秦代管理山林的職官還有林官等參[45]。漢代因循秦制，仍存少府一職，職掌一如既往，其下設有林官，專司林政。漢平帝元始元年（1年），「置少府海丞、果丞各一人」，「果丞，掌諸果實也」（《漢書平帝紀》及顏師古注）。東漢時，少府之職如故，其下的「果丞」和「鉤盾」之「主果園」、「典諸近池園圃」的職守依舊，而少府在秦和西漢時的主要職責——掌「山澤陂池之稅」——在東漢時被劃歸司農（《後漢書百官志三》）。水衡都尉始設於漢武帝元鼎二年（前115年），主掌上林苑（《漢書百官公卿表上》），但也掌管林業方面之事，其職權之大，似乎可以與少府相比肩。

（二）生態保護法律的執行情況及其效果

1 生態法律的具體執行情況

從有關記載和考古發現來看，秦漢時期以詔書和法令形式頒佈的生態法律，在全國範圍內得到了較好的執行。這可從以下幾個方面來加以具體地說明：

（1）貫徹執行的區域具有廣泛性。秦漢時期保護生態資源的法律，在全國範圍內，如潁川、渤海、桂陽、京兆、魏郡、南郡、九江[46]等郡，都得到了廣泛的實施或執行，縱是偏遠地區如西北邊陲也不例外。如西漢末年頒佈的生態保護法令——《四時月令詔條》，就被遠離當時中國政治文化中心的西北地方官員寫在牆壁上，表明那時當地的官員和百姓已經具有相當的自然保護意識，環境保護法律在該

---

45 見羅桂環等《中國環境保護史稿》（北京市：中國環境科學出版社，1995年），頁85。

46 分別見《漢書》之〈龔遂傳〉、〈黃霸傳〉，《齊民要術・序》，《三國志・魏書・鄭渾傳》，《後漢書》之〈法雄傳〉、〈宋均傳〉。

地區一定程度上得到了執行。除《四時月令詔條》外，居延新簡之
EPF22：46—48、53A、53B也有關於這一方面的記載[47]：

> 甲渠言：部吏毋犯四時禁者。
>
> 建武四年五月辛巳朔戊子，甲渠塞尉放行候事敢言之。府移使
> 者□所詔書曰：毋得屠殺馬牛，有無。四時言。謹案：部吏毋
> 屠殺馬牛者。敢□□。掾譚。
>
> 建武四年五月辛巳朔戊子，甲渠塞尉放行候事敢言之。詔書
> 曰：吏民毋得伐樹木，有無。四時言。謹案：部吏毋伐樹木
> 者。敢言之。掾譚。
>
> 建武六年七月戊戌朔乙卯，甲渠鄣候敢言之。府書曰：吏民毋
> 得伐樹木，有無。四時言。謹案：部吏毋伐樹木。掾譚、令
> 史嘉。

上述簡文內容主要分兩個方面，一是皇帝詔令禁止屠殺馬牛等動
物和禁止砍伐樹木，二為邊塞地區具體執行詔令的情況。禁止屠殺馬
牛者，可能與發展農業生產需要畜力和邊事需要馬匹等有關，但它在
實踐中起到了有力保護馬牛等動物資源的作用；而後者則充分說明了
光武時期生態保護法令在西北地方確確實實地得到了具體的貫徹和落
實。另據新疆樓蘭出土的相當於漢時的佉盧文書記載，當地對破壞林
木的行為處罰也極為嚴厲，連根砍伐樹木者，要罰馬一匹；而砍斷樹
枝者，則罰母牛一頭[48]。

---

47 甘肅省文物考古研究所等：《居延新簡》（北京市：文物出版社，1990年），頁479-
480。

48 林海村：《沙海古卷：中國所出佉盧文書（初集）》（北京市：文物出版社，1988
年），頁122。

（2）一些地方官員積極作為。培植法令頒佈後，在全國得到了廣大官吏的回應，他們積極作為，紛紛主動勸誘百姓執行法令。如西漢潁川太守黃霸把植樹同百姓的生活相結合，將植樹看作是百姓謀生的一個手段，「勸以為善防奸之意，及務耕桑，節用殖財，種樹畜養，去食穀馬」。渤海太守龔遂和黃霸一樣，史稱他「勸民務農桑，令口種一樹榆」（《漢書》之《黃霸傳》、《龔遂傳》）。東漢時，實施國家植樹法令的官吏更多：

《齊民要術序》：「茨充為桂陽令，……教民益種桑、柘，……數年之間，大賴其利」；

《齊民要術序》：「顏裴為京兆，乃令整阡陌，樹桑果」；

《三國志鄭渾傳》：鄭渾為魏郡太守時，「以郡下百姓，苦乏材木，乃課樹榆為籬，並益樹五果；榆皆成藩，五果豐實」。

在野生動物資源保護方面，東漢南郡太守法雄曾移書諸屬縣：「凡虎狼之在山林，猶之居城市。……記到，其毀壞檻阱，不得妄捕山林」。要求百姓毀壞捕獲虎狼等動物的工具，不得隨意到山林中捕獲對農作物造成傷害的虎狼等。無獨有偶，宋均遷任九江太守時，也曾令「去檻阱」（《後漢書》之〈法雄傳〉、〈宋均傳〉），不得妄自捕殺野生動物。而且，在國家生態資源保護法律的影響和鼓勵下，秦漢時期的部分基層政府，如會稽郡等還制定了地方法規，對一些生態資源予以積極的保護。如《初學記鳥部》引闞駰《十三州記》（或作《十三州志》）載：

　　上虞縣有雁為民田，春銜拔草根，秋啄除其穢，是以縣官禁民不得妄害此鳥，犯則有刑無赦。

（3）廣大民眾的積極參與。水利方面，在秦漢政府法律和帝王

詔令的影響下，由於社會各界的積極參與，該期掀起了歷史上的第一個水利建設高潮。如武帝時期就一度出現了「用事者爭言水利」的局面，「朔方、西河、河西、酒泉皆引河及川谷以溉田。而關中靈軹、成國、湋渠引諸川，汝南、九江引淮，東海引巨定，泰山下引汶水，皆穿渠為溉田，各萬餘頃。它小渠及陂山通道者，不可勝言也。」（《漢書溝洫志》）

另外，該期被保護的生態資源對象也是極其廣泛、多樣的，動物、植物、水資源等等，無不被納入國家和社會的保護範圍。

秦漢時期生態法律之所以能夠得到貫徹執行，其中的原因是多重的。就現有的材料來看，筆者以為，可從以下兩方面來概括：

一與國家的獎懲規定有關。由上我們可知，一方面，秦漢國家的生態法律對生態資源的保護和利用有硬性的規定，並為此而建立了一定的考覈制度，對那些不作為的各級官員予以懲處和降黜，而且有些懲處（如秦律對盜伐林木的處罰、漢律對動物和水利設施的保護規定等等）還是相當嚴厲的；而對那些積極作為的官員，除予以獎勵和陞遷外，有時最高統治者還給予一定的榮譽。如據《太平御覽木部三》引謝承《後漢書》，東漢初年的虞延，因熟知轄域內「園林柏樹株數」，被巡狩至此的光武皇帝「見知」。這樣就有力地促進和刺激了大小官吏在日常工作中自覺地實施有關法律，平民百姓也不敢掉以輕心，視之如兒戲。

二與某些法律條文的規定頗為具體、便於操作有關。這方面以敦煌懸泉所發現的《四時月令詔條》較為典型[49]。《四時月令詔條》由兩部分內容組成，第一部分為法律條文「正文」，是該法律的原則性規

---

49 參見中國文物研究所等：《敦煌懸泉月令詔條》（北京市：中華書局，2001年）；胡平生等：《敦煌懸泉漢簡釋粹》（上海市：上海古籍出版社，2001年），頁192-199。

定；第二部分為釋文，相當於我們今天的「司法解釋」，主要是對法律「正文」作出具體的解釋。如孟春之月「毋摘剿」即為詔條的「正文」，而「謂剿空實皆不得摘也。空剿盡夏，實者四時常禁」則為對此「正文」所作的「司法解釋」。這樣就使《詔條》的法律內容進一步細化，具有較強的操作性，為其在實際生活中處理複雜的社會問題提供了方便，有利於《詔條》的貫徹和執行。

2　生態法律實施的效果

由上文可知，秦漢時期的生態法律在社會日常生產、生活中確實得到了實施和執行，但其具體效果何如呢？這裏試從微觀和宏觀兩個方面對之略加闡述。

首先，微觀方面，局部地區的生態環境得到了相當的保護，出現一些良性的生態現象。如宣帝時期，京師就曾多次出現「神爵五采以萬數集長樂、未央、北宮、高寢、甘泉泰時殿中及上林苑」（《漢書宣帝紀》）的情形。由於漢時期生態保護得力，中原生鹿甚多，以致三國初期洛陽地區一度出現「群鹿犯暴，殘食生苗，處處為害」的局面，而且因民「力不能御」乃致「損者甚多」（《三國志魏書高柔傳》）。

在植物資源的培植方面，由於政府的提倡和獎掖，一些地方官員和百姓積極貫徹國家法令，大力植樹，效果頗為顯著。如一九九三年江蘇連雲港尹灣六號漢墓出土的木牘《集簿》中之「春種樹六十五萬六千七百九十四畝，多前四萬六千三百廿畝」[50]的內容，就反映了當

50　連雲港市博物館等：《尹灣漢墓簡牘》（北京市：中華書局，1997年），頁78。對於這一記載，學界解讀不一。如高敏等認為，「春種樹」即春季種植樹木，此則材料反映了西漢政府和東海郡十分重視春季植樹活動，並將之作為地方官考績考覈的一項內容。參見高敏〈《集簿》的釋讀、質疑與意義探討——讀尹灣漢簡札記之二〉，《史學月刊》1997年第5期（1997年）；謝桂華：〈尹灣漢墓簡牘和西漢地方行政制度〉，《文

時東海郡春季種樹畝數及與其前相比的增長情況，表明漢代重視植樹
的政策在地方上得到了有效的執行，並取得了積極效果。並且由於執
行有力，使得原來如魏郡等一些「苦乏材木」的地區，經過努力，逐
漸地成為「榆皆成藩，五果豐實」（《三國志魏書鄭渾傳》）之地。這
些情況，不僅使當時因砍伐而日益耗損的林木得到了相當的補充，在
一定程度上減緩了這一時期生態惡化的速度，而且一些地方還由此或
成為「桔柚之鄉」、「果布之湊」之地，或富「棗栗之饒」、「園圃之
利」，在產生相當環境效益的同時，也給當地百姓帶來了一定的經濟
效益。

這種產生積極效益的情況，在水利興修方面表現得也較為突出。
如西漢元帝時，南陽太守召信臣於其域內「開通溝瀆，起水門提閼凡
數十處，以廣溉灌，歲歲增加，多至三萬頃。民得其利，蓄積有餘」
（《漢書召信臣傳》）；東漢初年，南陽郡太守杜詩在南陽「修治陂
池，廣拓土田，郡內比室殷足」。其它如東漢建武年間，汝南太守鄧
晨「興鴻郤陂數千頃田，汝土以殷，魚稻之饒，流衍它郡」；東漢明
帝永平時，汝南太守鮑昱針對該郡陂池「歲歲決壞」的情形，「上作
方梁石洫，水常饒足，溉田倍多，人以殷富」；和帝時，下邳徐縣北
界蒲陽陂埋廢，周圍萬頃良田收成受到影響。下邳相張禹「為開水
門，通引灌溉，遂成孰田數百頃。勸率吏民，假與種糧，親自勉勞，
遂大收穀實。鄰郡貧者歸之千餘戶，室廬相屬，其下成市。後歲至墾

物》1997年第1期（1997年）、〈尹灣漢墓新出《集簿》考述〉，《中國史研究》1997
年第2期（1997年）；但所種之樹為何？滕昭宗、高偉等認為是蠶桑等經濟作物。分
別參見滕昭宗：〈尹灣漢墓簡牘概述〉，《文物》1996年第8期（1996年）；高偉：〈從
尹灣簡牘「春種樹」面積資料談西漢東海郡的蠶桑、紡織業〉，收入連雲港市博物
館等：《尹灣漢墓簡牘綜論》（北京市：科學出版社，1999年），頁158。然而，王子
今等認為，漢代人所謂「種樹」，主要為種植穀、粟、麻、菽等農作物。參見王子
今等：〈尹灣《集簿》「春種樹」解〉，《歷史研究》2001年第1期（2001年）。

千餘頃，民用溫給」等等（《後漢書》之〈杜詩傳〉、〈鄧晨傳〉、〈鮑昱傳〉、〈張禹傳〉），都屬於此一情類。

　　其次，應該指出的是，儘管秦漢時期的統治者十分重視生態保護，並為之頒佈了一系列的生態保護法令，在局部地區取得了顯著的效果。但從宏觀方面來看，這些努力均沒有真正地阻止生態品質下降的趨勢。從總體上而言，秦漢時期的生態破壞現象還是比較嚴重的，特別是在一些農業開發較早、人口稠密和生態脆弱地區，由於大量地戕伐植被，水土流失嚴重，水旱災害不時發生。

3 生態法律頒佈的原因

　　其一是儒家「天人合一」思想的影響作用。儒家「天人合一」思想把天、地、人當作一個整體來看待，認為天、人間是彼此聯繫、「合一」的；天、人之間的相「合」，主要是以人「合」天，人在天地間肩負著「贊天地之化育」的職責，人的一切行為必須以順天與「合」天為準則，否則就是逆天，為「不孝」。因此，作為政治現象之一種的法律，當然也不能脫離與人類「合一」的天地萬物而單獨地從人類自身來考察，法律所制約的自然也不僅僅是與天地萬物隔絕開來的人類社會活動。有鑑於此，古代多把「則地象天」作為制定刑法的基本原則。《漢書刑法志》曰：

> 聖人……制禮作教，立法設刑，動緣民情，而則天象地。……刑罰威獄，以類天之震曜殺戮也；溫慈惠和，以傚天之生殖長育也。

在儒家「天人合一」觀的影響和支配下，秦漢時期的法律也把包括人類社會在內的天地萬物一併納入其調整的範圍，它既調整人與人之間

的關係，更協調人與自然萬物間的關係，並對如何利用和保護自然萬物以利其「生殖長育」等都做了明確的規定。

儒家「天人合一」的主張對秦漢時期生態法律的這種影響作用，在一些君王頒佈的生態保護詔書中也有所體現。如《後漢書章帝紀》記載章帝就曾直接援引儒家思想來制定、頒佈生態保護法令，他於元和三年（86年）詔侍御史、司空曰：

> 方春，所過無得有所伐殺。車可以引避，引避之；騑馬可輟解，輟解之。《詩》云：「敦彼行葦，牛羊勿踐履」。《禮》，人君伐一草木不時，謂之不孝。俗知順人，莫知順天。其明稱朕意。

詔書中所引《詩》文，出自《詩經行葦》。對於其文，鄭箋云：道傍之葦茂盛，牧牛羊者毋使躘履折傷之；而所稱《禮》文，乃出自《禮記祭義》之載孔子語：「斷一樹，殺一獸，不以其時，非孝也。」由章帝所頒詔書引儒家經典以示其保護生態資源的做法有所據，可知儒家「天人合一」思想對秦漢時期生態法律的影響絕非一般。

其二與當時生態環境的惡化有關。秦漢時期，由於人口的增長、某些經濟行為的不當和統治者好大喜功等，導致其時生態環境日趨惡化，水土流失嚴重，河患不斷[51]，災害空前頻繁[52]，以致秦漢時期成為中國歷史上的第一個生態環境惡化階段。對於這些有失於妥的舉措而引起的生態負向變遷，當時的一些有識之士就已有清醒的認識。如

---

51 參見譚其驤：〈何以黃河在東漢以後會出現一個長期安流的局面──從歷史上論證黃河中游的土地利用是消弭下游水害的決定性因素〉，《學術月刊》1962年第2期（1962年）。

52 具體參見陳業新：《災害與兩漢社會研究》（上海市：上海人民出版社，2004年）。

西漢元帝時，臣子貢禹就認為開山採礦導致的森林破壞是環境惡化、災害迭生的一個重要因素（《漢書貢禹傳》）。因此，不少社會人士發出了「無伐名木，無斬山林」（《春秋繁露求雨》）的呼籲。為挽救和保護日趨惡化的生態環境，以及維護自身的政權穩定，秦漢政府陸續制定和頒佈了上述有關生態法律。

（三）結語

通過以上對秦漢時期生態法律的基本考察與勾勒，我們對秦漢王朝的生態保護情況有了大概的了解。下面，僅就秦漢時期生態法律的有關問題略加概括。

首先，秦漢時期生態法律與其前歷史時期的生態法律有著明顯的繼承關係，並對其後的生態法律文化產生了深遠的影響。秦漢以前，我國就有生態保護的法令。如《逸周書大聚》即載夏禹時期有相應的生態保護律令：

> 《禹之禁》：春三月山林不登斧，以成草木之長；夏三月川澤不入網罟，以成魚鱉之長。

《逸周書文傳》就西周的情況而載云：

> 山林非時不升斤斧，以成草木之長；川澤非時不入網罟，以成魚鱉之長；不麛不卵，以成鳥獸之長。畋漁以時，童不夭胎，馬不馳騖，土不失宜。土可犯，材可蓄。潤濕不穀，樹之竹、葦、莞、蒲；礫石不可谷，樹之葛、木，以為絺綌，以為材用。

而《禮記王制》則規定八月中秋時方可布網捕鳥，九月方可漁獵，秋

季草木衰枯時才能取伐山木,十月以後方可燒田:「獺祭魚,然後虞人入澤梁;豺祭獸,然後田獵;鳩化鷹,然後設罻羅;草木零落,然後入山林;昆蟲未蟄,不以火田」。將這些和秦漢時期某些生態律文相對照,我們可知秦漢時期的有些法律,就是在其前的生態法律和生態保護主張的影響下制定和頒佈的。如秦漢時《田律》等,即十分重視「時」,強調「發必有時」、「取之以時」或「以時禁發」、以時樹藝等,注意生態的時節性,儘量不在動物孕育、生長時期去採獵,並援引古法來制定生態保護的法令。又如秦法中的「刑棄灰於道路」在殷商時代就已有之,「殷法刑棄灰」(《韓非子內儲說上》)。秦法這一規定,無疑與殷商時的法律具有淵源關係。而秦時期的《田律》,很有可能也是繼承此前西周《田律》的產物。《周禮士師》:「士師之職,掌國之五禁之法,以左右刑罰。一曰宮禁,二曰官禁,三曰國禁,四曰野禁,五曰軍禁。……以五戒先後刑罰,毋使罪麗於民。……三曰禁,用諸田役。」對於這一記載,東漢經學家鄭玄注云:「左右,助也。助刑罰者,助其禁民為非也。……野有《田律》,軍有囂讙夜行之禁,其輴可言者」。如果鄭氏所言有據,那麼,秦時的《田律》,當與西周時期的《田律》有一定的淵源關係。

同時,秦漢時期的生態法律又對以後歷史時期的生態法律產生了積極的影響作用。如唐代有關生態保護的法令,就可從秦漢時期生態法律中尋覓到其蹤跡。《冊府元龜帝王部》載文宗大和四年(830年)四月詔曰:

> 春夏之交,稼穡方茂,……時屬陽和,命禁麛卵,所以保滋懷生,仁遂物性。如聞京畿之內及關輔近地,或有豪家,如務弋獵,放縱鷹犬,頗傷田苗,宜令長吏切加禁察。有敢違令者,捕繫以聞。

該律嚴禁在春夏之交的萬物生長時節捕獵，違者定治不饒。另外，《唐律疏議雜律》中的「諸不修堤防及修而失時者，主司杖七十」、「諸盜決堤防者，杖一百」和「諸失火及非時燒田野者，笞五十」等規定，也與秦漢時期的有些法律條文具有明顯的繼承關係。

其次，在生態法律的執行方面，秦時較嚴，漢代則較寬鬆。「嚴刑峻法」被人們概括為秦律的最大特點。有秦一代，法律繁於秋荼，密如凝脂，百姓苦不堪言。《淮南子本經》記載秦「末世之政，田漁重稅，關市急徵，澤梁畢禁，網罟無所布，耒耜無所設，民力竭於徭役，財力殫於會賦，居者無食，行者無糧，老者不養，死者不葬，贅妻鬻子，以給上求，猶弗能澹」。然而對於秦律，以往人們直接見到的史料不多，大部分是他書所引或所輯。因此，人們對秦代法律的一些情況（如上所引反映了秦代苛捐雜稅、專山澤之饒和人民搖手觸禁等）的了解多是間接的。一九七五年底至一九七六年初湖北雲夢秦竹簡的發掘及面世，世人對秦代的法律認識已初有眉目。雲夢秦簡中的《秦律十八種》，就是秦律部分條文的摘錄，其中的《田律》，就反映了秦代對水利、植物、動物等生態資源嚴格保護的情況，與上引《淮南子》中「澤梁畢禁，網罟無所布」的記載內容基本相符。

漢承秦制。但漢代在承繼秦律衣缽的同時，與秦律相比，又有兩個明顯不同之處：一是《漢律》有較為明確、整齊的法律形式——律、令、科、比，這是秦代法律所不曾具備的；二是漢代「罷黜百家、獨尊儒術」後，政治生活中最大的變化就是對經學的推崇，儒家思想成為統治者制定政策與行為取捨的一個指揮棒。儒學最為重視的是「禮」與「仁」，凡事不與之符者，乃為不「孝」、不「道」。所以，孔子曾說：「伐一樹，殺一獸，不以其時，非孝也」（《後漢書章帝紀》李賢注引《禮記》）。影響到法律上來，就是「禮法並用」，「三公、廷尉平定律令，應經合義……悉刪除其餘令，與禮相應」。禮之

不容者，則為刑禁；合之於禮者，則容於刑，是為「禮之所去，刑之所取，失禮則入刑，相為表裏者也」（《後漢書陳寵傳》）。可見，儒家之禮在漢代法令的制定與執行中，佔有舉足輕重的地位，儒家經典被法典化。史載一代儒學大師董仲舒就以儒家經典《春秋》決獄，待他老病致仕，賦閒在家總結經驗，成「《春秋決獄》二百三十二事，動以經對，言之詳矣」（《後漢書應劭傳》）。漢宣帝自己也承認：「漢家自有制度，本以霸王道雜之」（《漢書元帝紀》）。其「『王』就是儒」[53]。因此，漢代生態法律文化間雜以「禮」、「仁」因素後，便呈現出溫情脈脈的特質。白居易《白孔六帖仁》錄董仲舒《春秋決獄》載：

> 君獵得麑，使大夫持以歸。大夫道見其母隨而鳴，感而縱之。君慍，議罪未定。君病恐死，欲託孤幼，乃覺之大夫其仁乎，遇麑以恩，況人乎！乃釋之，以為子傅。於議何如？⋯⋯仲舒曰：君子不麛不卵，大夫不諫，使持歸，非義也。然中感母恩，雖廢君命，徙之可也。

董仲舒指出，大夫不勸阻「君獵得麑」，不利於保護生態，是「非義也」。又如章帝元和三年（86年）的詔令就認為「伐一草一木不時」是「不孝」。因此，漢代生態法律因一層溫文爾雅面紗的存在，使得其保護生態的法令執行起來不夠堅決，懲罰不力，從而不利於生態的保護。

最後，「法律義務之設定，在古代法文化中，尤其是中世紀時代的西方法文化和中國古代之法文化中，其目的是為了維護特權和國家權力。即一方面，法律義務針對特殊身份者所享有的特權而設立；另

---

53 林劍鳴：《法與中國社會》（長春市：吉林文史出版社，1988年），頁166。

一方面，法律義務又針對國家公權力而設立，這是古代法律義務之普
遍目的」[54]。具體到秦漢時期的生態法律，無論其統治者以任何法令
的形式來保護生態，都是對他人而論的，是約束他人的工具，對統治
者自己則不起多大的作用。秦漢統治者尤其是皇帝和部分貴族，常為
滿足一己之欲而大興土木工程，或為政治鬥爭需要而屢開邊釁，或因
急功近利而大肆屯田墾荒，或為集團利益而罔顧水利。如汝南郡有鴻
隙大陂，百姓「藉其溉灌及魚鱉萑蒲之利，以多財用」，闔「郡以為
饒」。西漢成帝時，關東地區水災不斷，「陂溢為害」。時為宰相的翟
方進遣使行視後，「以為決去陂水，其地肥美，省堤防費而無水憂，
遂奏罷之」[55]。由於陂廢，無水之利，「田無溉灌而不生秔稻，又無黍
稷」；王莽時，汝南一帶時常乾旱，百姓無所食，民間只得以「豆為
飯」，「以芋根為羹」（《漢書翟方進傳》及顏師古注）。統治者所有這
些行為，既不受儒家之禮所限制，更不為國家之法所約束，儘管統治
者有時為遮人耳目或裝飾門面，也有引「禮」、「義」、「孝」對自己的
失當行為自我譴責一番的時候。因此，上述情況的存在，使得這一時
期本不甚完備和堅決的生態保護法令得不到真正的、徹底的、完整意
義上的貫徹執行，從而產生了不良的生態後果。若說秦漢有關保護生
態的法令在實踐中確實起到了一定的作用，但是，其效果在統治者漠
視法律的行為所產生的生態負面效應面前，則是蒼白無力和微不足道
的。因此，從整體來說，秦漢時期的生態品質呈下降趨勢，自然災害
頻頻，人民深受其害。

---

54 謝暉：《法學範疇的矛盾辨思》（濟南市：山東人民出版社，1999年），頁208。
55 關於翟氏廢陂的動機，汝南鄉里以為翟氏「請陂下良田不得而奏罷陂」。

餘論

　　生態意識和環境保護，是環境史研究的重要內容。本書以儒學和先秦秦漢時期為對象，對傳統文化中蘊含的生態意識和歷史時期的生態保護進行了初步的探討。

一　關於儒家生態意識

　　本書主要從四個方面對儒家生態意識展開探究的，即儒家生態意識發生的哲學基礎——「天人合一」論、儒家生態意識發生的生態學基礎——生態系統論、儒家如「仁」等道德倫理範疇蘊涵的生態意識、儒家合理利用和保護動植物等自然資源的主張。

　　第一，關於「天人合一」論。本書從「人與自然」的視角，在全面耙梳、回顧學界關於儒家「天人合一」論研究結論的基礎上，對儒家生態意識發生的哲學基礎——「天人合一」論——進行了再探討。儒家「天人合一」思想包括三個方面的內容，即「天」論、「人」論、天人「合一」論。首先，儒家「天人合一」中的「天」，是具有自然性質的天或自然界，因而有其一定的規律；「天」的「自然的目的」或職責是「生生」，即通過天地、陰陽的交感而生育萬物。其次，關於人，儒家認為，人同萬物一樣，是「天」職「生生」的產物，是天地交化的結果，人因此不可避免地有其生物屬性的一面，所以說「夫人，物也」。但另一方面，由於人與萬物「各有奇耦，氣分不同」，決定了人的生理器官在職能方面，擁有其它動物所不具備的

突出功能；更重要的是，人有其社會屬性，有仁義等倫理道德規範的約束，且擁有知識、思維和智慧，人因而又是萬物中至「靈」、至「貴」者。然而，儒家強調人在天地中的特殊地位，並不是要突出人類為萬物的主宰，而是為了強化人類「超物」的責任意識，意在賦予人類「贊天地之化育」的責任。為盡其職責，人類一要愛物，視萬物為朋友、同伴，與之渾然融為一體，即「民，吾同胞。物，吾與也」；二要襄佐天地盡其生物之性，以「成物」、「利萬物」；三是治、用萬物。即在合理利用自然萬物的同時，還要積極、主動、合理地保護自然萬物，實現人類「下長萬物，上參天地」的責任，使人與天地自然萬物和諧相處。最後，儒家天人「合一」論，是從人與自然統一的角度而言的，具體包括萬物同出並同處於一體的「萬物一體」論、天和人相互配合的「天人相參」論，以及人類發揮其主觀能動性以認知萬物、利用自然及其規律，並「絕四」（「毋意，毋必，毋固，毋我」）而「盡心」「至誠」地體物，「大其心」地愛物而成物，最終實現人與自然統一、和諧的目標等內容。在「天人合一」論中，從「人與自然」的角度來看，儒家始終把「究天人之際」作為自己的首要責任；而一切關於天人關係的探討，最終都落到「人」的身上，「人」在天人關係中肩負有不可推卸的責任。僅此而言，儒學絕非西方所謂的「人類中心主義」者。儒家強調和突出人在「人與自然」關係中的特殊地位和意義，並不是從「人」的利益至上層面來說的，相反，而是著意於人在實現天人「合一」目標中所承擔的責任與義務。以往西方學界之所以片面地把儒學貼上「人類中心主義」者的標籤，主要在於他們對儒學缺乏深入的研究，是對儒學的不瞭解使然。

　　第二，關於儒家有關生態系統的認識。本書從儒家有關生物「類」的認識及其生態保護意義、生物生存環境的認識——生境論、生態系統內生物間關係的認識和儒家生態系統觀的具體反映等四個方

面，對儒家生態意識發生的生態學基礎進行了初步的探討。研究表明，儒家關於生態系統的認識，涉及生態系統及其內部構成、生物種群、物種尤其是動植物種類的劃分、生物生境、生物的共生與競爭關係、生物的食物鏈、生物的自養和互養等與現代生態學研究相近或相似的內容。然而，儘管儒家關於「類」、「麗」、「需」等概念和現代生態學對「種群」的界定等有一定的類似，但區別是顯著的，絕不能將二者相等同。因為從有關儒家對生物的「類」、生境和生物間的共生關係等生態現象的論述來看，儒家上述認識，基本來自於感官，是樸素性的認識，雖具有一定的普遍性，而離中經抽象等邏輯活動並上陞到理性層面的現代生態學概念，還有很大的差距。不過，正是由於這些認識源於實踐的觀察，是直觀的感性認識，所以，它又是準確、有效地認識生態系統及其萬物的基礎，更是後來生態學的歷史和邏輯起點。並且，儒家在闡述諸如「類」、「麗」、「需」等概念時所提出的如「諱傷同類」等主張，還具有重要的生態保護價值；同時，其認識事物的途徑和方法，也頗有啟迪意義。

第三，關於儒家合理利用和保護生態資源的主張。以「天人合一」論為基礎，在對生態系統內生物及彼此間關係有一定感性認識的前提下，針對如植物、動物、土地和水等各類生態資源的不同屬性，儒家提出了相應的合理利用和保護主張。從目的或初衷來看，儒家主張對樹木、土地和水等生態資源的合理利用與保護，主要出於「不可勝用」即可持續利用的考慮；而對動物資源的保護，除「不可勝食」的可持續利用目的外，還有生態倫理的考量，其典型和具體者，就是用類推的方法和手段，以「不忍」之心對待萬物。

第四，儒家道德範疇蘊涵著豐富的生態哲理。本書以《周易》「三驅」為對象，對其生態保護的意義進行了闡釋。三驅本是西周國家禮制——蒐狩禮。殷商時期的狩獵活動，具有集軍事訓練、狩獵於

一體的特徵（性質）。西周時期繼承了殷商狩獵的性質，並在禮樂制度建設中，將之禮制化，成為集講武、狩獵於一身的蒐狩禮。蒐獵禮的開展，一般先舉行軍事訓練，隨後狩獵，狩獵在一定程度上是檢驗講武的效果。三驅禮是就西周蒐狩禮之講武活動而言的，指的是軍事訓練中，參加演習的車徒在特定區域內（防）三次前進至「表」的行為，是乃古人所謂的「三驅教人戰」。春秋以後，由於步兵的出現，車戰不再是戰爭的主要形式。兵種和戰爭形式的變化，使原來的軍事訓練方式也隨之產生變異。於是就產生了專門的軍事訓練儀禮（如漢代的貙劉禮），西周時用以檢驗講武效果的狩獵也逐漸演變為遊逸活動。但是，在南北朝時期企圖恢復傳統蒐狩禮的活動中，由於年代久遠和形勢的變化，其蒐狩禮雖有集講武、狩獵於一體的形式，而在內容方面，卻把講武中「教人戰」的三驅禮移至狩獵活動中，「三驅」成為狩獵必須遵守的儀禮；隋唐時期繼承此一做法，並明確規定了三驅禮的具體內容。後世「三驅」說法不一多由此而起，但基本上都是針對狩獵活動而言的，「三驅」的本源因此而遭湮沒。在「三驅」由原講武禮向狩獵禮轉化的過程中，針對統治者及貴族耽於狩獵的現實，出於約束帝王等統治者不端狩獵行為的需要，儒家將其一貫主張的「仁義」大德賦於「三驅」之中，並屢加申說，於是「三驅」實現了其從「三驅教人戰」到「申三驅於大信」的轉變。由於儒家的反覆申述，作為儒家文化重要內容之一的三驅禮，因此承載著「仁義」教化的功能，和儒家典籍中記載的「網開三面」、「里革斷罟」、「天子不合圍，諸侯不掩群，大夫不麛不卵，士不隱塞，庶人不數罟」，以及「不成禽不獻」等合理利用與保護生態資源的主張一起，被社會各階層廣泛接受和認可，成為約束民眾行為的一種道德規範，並化為民眾日常狩獵活動的準則，在傳統中國自然資源特別是動物資源的保護中發揮著積極的作用。

　　第五，關於儒家生態意識的產生問題。在談及傳統文化中的生態意識時，人們疑問最多的，就是在環境問題不像今天如此突出的中國傳統農業社會裏，如何會產生後世所謂的環境意識？要回答這個問題，首先還得從「環境」所指的範圍說起。日本學者在探究中國環境史時，曾以山林藪澤為對象，對中國古代「人與自然」的關係進行了簡要概括。研究認為，以前中國古代歷史學者重視的人與自然關係，是在國家框架而非更大框架下的自然環境和整個人類間的關係。從後者出發，研究者以山林藪澤為例，按照人類與山林藪澤的距離，將人與山林藪澤的關係分為三類：（1）人類附近的自然，即和人類居住村落接近的山林藪澤。統治者對此類自然（即山林藪澤）的態度是禁令、祭祀和徵稅。農民深知此類山林藪澤是國家儀式、法律和苑圍等「禁令」的對象，是不能自由進入的世界。（2）人類附近，但非國家權力能及的山林藪澤，因此常常成為叛亂據點和隔世的地方。（3）遠離人類的自然。因人類難以接近，於是就成為人們想像中的魑魅魍魎匿身處。以往歷史研究中的「自然」對象，是人類附近的自然[1]。這一劃分，雖未盡妥，然頗有啟發之功，同時也說明人類對自然環境的認識，與其生產、生活的範圍有關。環境因此是一個歷史概念，環境問題有其時代特徵。不同時代的人們，由於所處自然環境不同，面臨的環境問題雖有一定相似之處，但在原因、表現、程度和性質等方面因而存在著不小的差異。

　　「環境史」是環境的歷史，是相對人類社會而言的，是人類行為或認識所能及的環境的歷史。今天的「環境史」研究的「環境」，不僅包括地球上所有的生態資源和陸地、海洋、大氣諸環境要素，而且

1　〔日〕村松弘一：〈中國古代的山林藪澤——人類和自然的關係歷史〉，收入王利華：《中國歷史上的環境與社會》（香港：三聯書店，2007年）。

還包括太空，因為今天的人類形跡已遠至這裏，並認識到其狀況如何
與人類的生存和發展休戚相關。但相對於一定時期某一區域的社會群
體，譬如中國古代中原居民而言，不僅地球的南北極，就是今天中國
境內的新疆、南粵等地區的生態環境狀況，對於他們而言，由於他們
並非置身於這些地區，其生態要素及其狀況與他們關聯不大，未必就
是其依賴生存的「環境」。因而，中國古人心中的「生態環境」，就是
古人活動能夠接觸的具體地區的實在要素，且與其生活唇齒相依。理
解這一點，我們就不難解釋或理解為什麼古人反覆地強調生態環境保
護的「不可勝用」等可持續利用的目的。同時，不同文明形態下的生
態環境問題，也有各自不同的表現形式。在對儒家生態意識的意義或
價值判斷上，有學者曾以古代中國不存在類似今天的環境問題而無視
儒家生態意識的價值。我們認為，不能因為中國古代沒有遇到與當今
性質相近的環境問題而否認儒家生態意識的積極意義。原因很簡單，
環境問題具有明顯的時代性特徵。儘管農耕文明時代、工業文明時
代，以及今天信息時代條件下都面臨著環境的問題，但由於生產力發
展水準、社會經濟形態及其決定的人類社會行為方式不同，決定了不
同時代的環境問題有其各自的內容和表現形式。並且，縱在同一時代
條件下，不同文明形態間的環境問題也有很大的差異性。如對以畜牧
業為生存手段的游牧民族而言，其環境問題主要表現為動物資源減少
或不足、植被尤其是草場資源的退化與衰竭、冰雪寒災等；而對以農
耕為生存之依的漢民族來說，其環境問題則主要表現為水土流失、土
地退化、水旱災害等等。中國古代社會經濟條件和今天的狀況不能相
提並論，其環境問題與今天的情況自有不同，由此決定了以傳統社會
及自然環境為背景的儒家生態意識，相較於今天所講的環境意識、生
態倫理學、環境倫理學等也有所區別。有鑑於此，我們既不能因古代
的環境問題和今天的環境危機在表現形式上有所不同，而不承認古代

中國在一定程度上確實存在著某些環境問題；我們更不能由於歷史上的儒家生態意識和當下的環境意識或環境倫理學在內容等方面有一定的差異，而斷然否認儒家生態意識及其積極意義。

綜觀中國社會經濟發展史和環境變遷史，關於農業時代儒家生態意識的產生及發展，我們可作兩點歸納和總結。其一，作為農業社會的環境意識，儒家生態意識的產生與農業文明相關。中國是一個傳統的農業社會，人們習慣上注重觀察自然和總結經驗，從而形成了春耕夏耘、秋收冬藏的農業生產節律與生活規律。在這一社會背景下產生的儒家生態意識，出於發展農業生產的需要與目的，因此具有很強的直觀性、經驗性和實用性。另外，在中國古代人與自然資源的相對關係中，最重要的是「人—地」關係。人工栽培的農作物與天然植被在土地利用上是競爭關係，農作物播種面積的擴大、耕地的增加，都意味著天然植被面積的減少。對生態環境有一定保護作用的天然植被（如林木和野草等）的銳減，勢必導致生態環境品質的下降[2]。於是，隨著自然環境的變遷，儒家關於環境認識的生態意識也在不斷地豐富和發展。其二，儒家生態意識，顯然屬於研究者所說的國家框架下的「人與自然」關係範疇，其「自然」為人類附近的自然。然而，歷史時期人類附近自然的「附近」範圍，隨著人類活動範圍的擴展而不斷地擴大。由於「人類附近」範圍內自然環境的變化，人類關於環境的認識也在逐漸地擴延，於是主體的環境意識便具有了逐步發展、擴延的圈層特徵。儒家關於環境問題的認識，首先濫觴於早期先民居住的村落或城邑。例如，孟子時代關於植被危機的認識，就源於對都城周邊地區（臨淄牛山）林木資源的破壞導致的城市用材緊張。後來，隨著古人居住的日益擴散和生產活動範圍的擴大，儒家關於環境

---

2 〔美〕趙岡：《中國歷史上生態環境之變遷》（北京市：中國環境科學出版社，1996年），頁1。

的認識，也漸由以前單純地關注人類生活引發的資源問題而轉向不當的生產對環境的影響，其內容不僅因此得以豐富，而且對問題的本質性認識也在不斷地深化。如關於宋元以降農業墾殖導致山體過度開發、林木過度砍伐，進而引起水土流失的認識等等。儒家在闡述問題產生原因的同時，也針對性地提出了保護林木以防止水土流失的措施，表明儒家關注的對象範圍擴大，其生態意識的發展具有圈層性，且有毋庸置疑的現實性和實踐性。

二　關於歷史時期的環境變遷

儒家生態意識的產生和發展，與歷史上的環境變遷關係至密。那麼，歷史時期的環境狀況究竟怎樣呢？

（一）生態環境變遷總況

關於歷史時期的環境變動情況，有專家曾作過專門的研究[3]。另有研究者以朝代為線索，對之進行了大概的勾勒：夏、商、西周時期，黃河中下游地區的森林、草原日趨縮小，平原景觀有明顯的改變。但黃河流域基本上仍是天然植被發育良好，森林、草原密佈，野生動物資源豐富，黃河很多支流清澈見底；春秋戰國時期，黃河中下游地區森林、草原陸續遭受不當的採伐墾殖，野生動物資源逐漸減少，華北平原天然植被大多為栽培植被代替，個別地區因樵牧過度而童山濯濯；秦漢時期，黃河流域森林銳減，水土流失日益嚴重，水旱災害頻發，自然環境日益惡化；魏晉南北朝時期，南北方自然環境有明顯改善，但西北個別地區因河道變遷等影響，生態條件進一步惡

3　鄒逸麟：〈我國環境變化的歷史過程及其特點初探〉，《安徽師範大學學報》2002年第3期（2002年）。

化;隋唐五代時期,黃河流域和江南森林資源的開發加速,森林面積
急劇減少,野生動物遭到空前浩劫。尤其是黃河流域,由於生態的變
化,使之處於嚴重的災害困擾之中;遼宋夏金元時期,大量的山林被
闢為農田,森林和草原植被減少,人工植被擴大;明清時期,大量自
然植被為經濟作物等人工植被所取代,森林面積進一步縮減,區域風
沙危害和水土流失嚴重,湖泊面積減小,野生動物大量減少或滅
絕[4]。還有研究者以水土流失為例,對幾個重要時期的環境變動情況
進行了簡單的列舉:西漢時期,水土流失開始凸顯於北方地區。漢武
帝時,北方農耕區基本格局已基本建立,農區北界的位置在西北遠至
新疆、河西走廊、隴西地區,東北至山西、河北北部和遼寧。北方地
區農業區的擴展,使一部分草地和林地受到破壞,加劇了自然侵蝕過
程。在呂梁山以西、六盤山以東的黃土丘陵區,西漢時期的水土流失
量較大。黃土高原等北方地區農業開墾引起的水土流失較為明顯;唐
宋以後水土流失區擴展到了南方地區。佘田刀耕火種的墾荒方式的普
遍使用,嚴重地破壞了山體植被,引發水土流失,水土流失的強度隨
山坡地開墾的增多而日趨嚴重;清代中葉以後全國水土流失加重[5]。另
有研究者從環境品質入手,對歷史上環境變動進行了簡要的分期[6]。
上述有關中國歷史時期的環境變遷研究,在表現的方式上,都是描述

4　陳登林等:《中國自然保護史綱》(哈爾濱市:東北林業大學出版社,1991年),頁
　　22-23、36-37、56-58、72-75、89-91、106-108、132-137。
5　方修琦等:〈中國水土流失的歷史演變〉,《水土保持通報》2008年第1期(2008年)。
6　如有學者認為,中國歷史環境變遷的總趨勢,是從秦以來逐漸惡化。從先秦起,其
　　間經歷了良好─第一次惡化─相對恢復─第二次惡化─嚴重惡化等五個階段。具體
　　地說,先秦時期是古代環境良好時期,秦與西漢是中國環境第一次惡化時期,東漢
　　至隋則是環境相對恢復時期,唐至元是中國環境第二次惡化時期,明清以後為中國
　　環境急劇惡化時期。具體參見余文濤等:《中國的環境保護》(北京市:科學出版
　　社,1987年),頁106-112。

性的，給人的印象不夠直觀清晰。我們可否採取選擇某些因素進行量化分析的手段，以明歷史環境變遷之大勢？

環境變遷研究的途徑是多元的，但基本者有二：一是生態要素變遷的研究，主要從地表與地貌的變遷、大氣系統（如氣候的演變和大氣成分的分析等）、水文系統（如海平面、湖泊盆地、河流水系的演變等）、土壤生物系統（如土壤風化、動植物種類及數量的變化等）[7]等一個或多個方面展開；二是囊括上述諸對象在內的眾要素的綜合研究。迄今的環境史研究，大多為第一類研究，綜合研究較少，本書關於戰國秦漢時期的氣候考察即為生態要素變遷的研究。另外，關於環境變遷的研究，還有一種是就其品質發展狀況的動態研究。在趙岡的研究中，衡量環境變遷的參照物，主要是自然災害的頻率和農田的單位畝產量[8]。眾所週知，環境的變遷動因，主要有自然和人為二途。自然原因引發的環境變遷，一般具有周期性，除突發變異外，其變遷通常較為緩慢，周期性較長；而人為因素導致的環境變化，只要具備持續性，一般呈直線性變化，且變化速度遠遠超過環境的「自然」變化。因此，這裏考察中國歷史時期環境的變遷，選擇兩個緊密相關的要素作為參照物，一個是與人為作用結果直接相關的森林覆蓋率，另一個則是環境變遷的集中表現形式——水旱災害。

關於歷史時期的森林覆蓋率，有關研究進行了統計。其大概情況是：秦漢時期百分之四十六—百分之四十一，魏晉南北朝時期百分之四十一—百分之三十七，隋唐時期百分之三十七—百分之三十三，五代遼宋金夏時期百分之三十三—百分之二十七，元代百分之二十七—百分之二十六，明朝百分之二十六—百分之二十一，清前期百分之二

7　具體參見黃春長《環境變遷》（北京市：科學出版社，2000年）。

8　〔美〕趙岡：《中國歷史上生態環境之變遷》（北京市：中國環境科學出版社，1996年），頁120-132。

十一－百分之十七，清後期百分之十七－百分之十五，民國時期百分
之十五－百分之十二點五[9]。對於歷史上的森林覆蓋情況，有關文獻
直接記載的幾乎沒有，研究難度較大，學界罕有研究，可資借鑒的成
果也因此極其少見。上述統計結果雖然未必十分準確，但參之於其它
研究結論[10]，我們認為，這一統計資料大體上可以用來作為說明問題
的根據。

　　水旱災害的發生，與其所在地區的自然環境相關度最密。因此，
一定時期內該地區水旱災害次數的多少，是其生態環境良窳狀況的顯
著標誌。歷史時期的水旱災害次數，學界多有統計。只因不同學者採
用的標準不一，其統計結果參差不齊。為避免出現這一情況，這裏採
用一九三〇年代鄧拓的統計結果：秦漢時期四四〇年，旱災八十一
次、水災七十六次，水旱災年均發生率為百分之三十五點七；魏晉南
北朝二〇〇年，旱災六十次、水災五十六次，水旱災發生幾率是百分
之五十八；唐代二八九年，旱災一二五次、水災一一五次，水旱災發
生幾率為百分之八十三；宋代四八七年，旱災一八三次、水災一九三
次，水旱災發生幾率是百分之七十七；元代一六三年，旱災八十六
次、水災九十二次，水旱災發生幾率為百分之一〇九；明朝二七六
年，旱災一七四次、水災一九六次，水旱災發生幾率是百分之一三
四；清代二九六年，旱災二〇一次、水災一九二次，水旱災發生幾率
為百分之一三三；民國（1912－1937年）二十六年，旱災十四次、水
災二十四次，水旱災發生幾率為百分之一四六[11]。

9　樊寶敏等：《中國森林生態史引論》（北京市：科學出版社，2008年），頁37。

10　淩大燮：〈我國森林資源的變遷〉，《中國農史》1983年第2期（1983年）；〔美〕趙
　　岡：《中國歷史上生態環境之變遷》（北京市：中國環境科學出版社，1996年），頁
　　105-106。

11　鄧雲特：《中國救荒史》（北京市：商務印書館，1993年影印本），頁11-40。

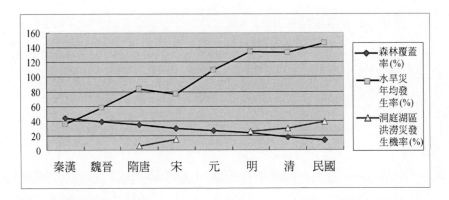

圖1　中國歷史時期森林覆蓋率及水旱災、洞庭湖區洪澇災年均發生率示意圖

　　將上述森林覆蓋率、水旱災發生幾率示之以圖1（為便於圖示，各時期森林覆蓋率取其均值），即可形象、清晰地知曉中國歷史上環境不斷惡化的大勢：（1）森林覆蓋率，由於破壞，以秦漢為起點，直至民國時期，均呈下降之勢。（2）而與之相對的水旱災害，亦以秦漢多發為始端，年均發生率逐段增加，自宋以後，開始在一個高發生率的基礎上增長，蒙元以後，更是無歲不災。（3）森林覆蓋率的不斷趨低，和水旱災害的多發及其發生幾率的走高之間，存在著緊密的聯繫。大量砍伐森林的結果，必然會改變區域的大氣環流和大氣的乾濕狀況，引發水土流失，二者相結合，水旱災害之發不可避免。一些地區如洞庭湖區洪澇災害的統計資料，也能夠反映出中國歷史環境不斷惡化之勢。

　　作為歷史時期環境變遷較大、洪澇災多發的洞庭湖區，其環境狀況的研究一直是學界關注的重點之一。有關研究對其歷史災害狀況進行了探討。如關於其洪澇災害的統計是（見圖1）出於圖示之便，圖1中兩宋洪澇災發生幾率取其均值，明成化至嘉靖初的洪澇災幾率值置於明朝，明嘉靖至清同治時的洪澇災幾率值置於清代，清同治至建國

初的洪澇災幾率值置於民國時期。：隋唐時期三二四年，水災二十次，年均發生率為百分之六點二；北宋一六七年，水災十九次，發生幾率為百分之十一點四；南宋一五三年，水災二十九次，發生幾率為百分之十九[12]；明成化中至嘉靖初（1471—1524年）五十四年，十四次災害，發生幾率為百分之二十五點九；明嘉靖至清同治末（1525—1873年）三四九年，災害一〇三次，發生幾率為百分之二十九點五；清同治至建國初（1874—1958年）八十五年，災害三十三次，發生幾率是百分之三十八點八[13]。上述統計時間劃分的根據和尺度不一，災次及災害等級大小也沒有得到詳盡的體現，其準確性因此令人難以滿意。然而，作為一種現象趨勢的分析，應該是沒有問題的，更何況這一統計結果還有其它相關統計結論相印證[14]。由此統計可以看出，歷史上的洞庭湖地區洪澇災害亦呈逐漸多發之勢，其自然環境不斷惡化，總體與全國的情況大致相似。

（二）中國歷史生態環境變遷的特徵

第一，從時間順序來看，環境變遷具有明顯的階段性特徵。也就是說，各個歷史時期的生態狀況及其變化，都不同於其它歷史階段。上引陳登林等關於歷史上的環境變遷情況的簡要概括，以及圖1顯示

---

12 徐紅：〈宋代洞庭湖區水災與人口、墾荒的關係〉，《船山學刊》2000年第3期（2000年）。

13 毛德華：〈洞庭湖區洪澇特徵分析（1471—1996年）〉，《湖泊科學》1998年第2期（1998年）。

14 例如，有研究者對一八一〇年以來洞庭湖濱的湘陰縣洪災進行了統計：一八一〇—一八七八年，六十九年，二十四次洪災，發生幾率百分之三十四點八；一九〇五—一九四九年，四十五年，災害二十二次，幾率百分之四十八點九；一九五〇—一九八〇年，三十一年，災害二十次，幾率百分之六十四點五（林承坤：〈洞庭湖的演變與治理（下）——洞庭湖的演變及其治理設想〉，《地理學與國土研究》1986年第1期（1986年））。災害發生率越來越高。

的歷史時期森林覆蓋率、水旱災害年均發生率的變化狀況等，都充分說明了這一點。尤其值得關注的是，從北宋中期開始，中國環境整體趨劣：黃河流域環境日趨惡化，黃河為患日益嚴重，流域經濟因衰退而難以支持龐大的中央集權政治體制的正常運行，經濟中心南移，長江中下游地區環境隨之開始惡化[15]。同時，生態資源受到破壞的時間也具有漸進性，最開始是為滿足人們衣食住行之需的林木和野生動物，所以早期儒家在提出其保護生態資源主張時，反覆強調其保護的「不可勝用」、「不可勝食」的目的；然後為過度砍伐山林及由此導致的山體水土流失，於是儒家進一步強調要保護森林、水土，禁止進山墾荒和圍湖造田等等。

第二，從空間分佈來看，歷史環境變遷又有顯著的區域性特點。區域性和地區生態物質基礎及區域經濟開發先後的時間性緊密相關。中國地域廣大，各地自然環境複雜，生態要素結構、多樣性組合及其適應性、穩定性參差不一，加之經濟開發時間早晚懸殊，相關影響因素及其作用下的環境變遷走向、趨勢錯綜複雜，歷史時期不同地區的環境變遷因而存在著顯著的差別。區域性具體可從三方面來考察：一是橫向的考察，即不同自然地理單元或行政區劃單位之間的環境變遷具有差異性；二是從環境變遷起端的微觀方面來看，受人類生產、生活的影響，最先發生變化的是人類周邊與人關係最為密切的環境，具體順序大概是城邑或村落附近—郊地—外野—其它大山名川。因此，歷史時期的生態環境破壞，基本是沿著城邑或村落及其周邊地區—平原—山區的序列推進的；三是從全國宏觀方面來說，先是黃河中下游地區的環境受到嚴重破壞（唐及其以前），宋代以後特別明以來的歷史時期，南方生態環境遭受空前破壞，而以清朝乾嘉時期為甚。

---

15 鄒逸麟：〈有關環境史研究的幾個問題〉，《歷史研究》2010年第1期（2010年）。

第三，總體趨勢的日益嚴重性。中國是一個文明的古國，數千年來，華夏子孫一直在這片土地上繁衍、耕耘。在人類活動的長期作用下，生態環境在不斷地改變其「自然」狀態，而向「人工」環境發展。人類的不當舉措，勢必使這種「發展」產生負面影響，環境不斷地惡化，日積月累，問題日益嚴重。並且，這種嚴重性還隨著先民活動範圍的擴大而不斷地擴散。可以這麼說，雖然今天的環境問題大多是當代片面發展的產物，但與歷史的延存也並非毫無關係。譬如，「懸河」黃河流域的水旱災害多發，歷史時期黃土高原的過度墾殖、水土流失嚴重與之脫不了干係；今天的森林覆蓋率也和歷史上的亂砍濫伐有千絲萬縷的聯繫等等。

第四，環境變化原因，主要為人口增長疾速下的土地資源利用不當所致。人口、資源、環境始終三位一體。中國是一個人口眾多的農業社會，土地是中國社會綿延的重要自然資源。有專家指出，一般而言，一國一地環境問題的形成，與三個基本因素相關：一國一地的自然條件、人口載負量、生產配置和產業結構。特殊的地理位置，決定了我國自然環境脆弱，自然災害多發，生產的社會財富往往為災害所抵消；人口眾多，且分佈不均；耕地不足，高產穩產的耕地更少[16]。於是，為滿足眾多人口的生存之需，人們堅韌而不疲倦地向自然索取，自然便以其特有的方式「回報」社會。因此，中國的環境變遷，除自然原因外，根本動因還在於人為。

（三）環境變遷的原因

中國歷史時期環境負向變化的人為之因，主要有人口的急劇增

---

16 鄒逸麟：〈我國環境變化的歷史過程及其特點初探〉，《安徽師範大學學報》2002年第3期（2002年）。

殖、土地的無限墾闢和森林的極度破壞等[17]。

1 人口的劇增

　　受文化傳統的影響，古代人普遍早婚、早育，且家庭或家族追求多子多孫。但在唐以前，中國人口並不算多。據文獻記載和有關研究，西漢（2年）、東漢（157年）、唐（755年）時期的最高人口資料分別為五九五○萬、五六五○萬和五九九八萬，可見，宋之前人口最高峰均未超過一億，雖略有高低起伏，但始終在六○○○萬左右徘徊，且持續時間長達千年之久。而從北宋徽宗在位開始，中國人口數開始逾億（1109年11300萬人）。此後儘管元朝（1330年8500萬人）和明初（1393年7270萬人）的人口數有所波動，但與此前幾個時期人口資料的起伏相比，元代和明初的人口波動都是在高位進行；明初之後，人口增長迅猛，終明之世，都在一點五億以上（1642年16159萬人）[18]；清代則在乾隆以後，人口數從未低於三億（1776年31150萬人、1851年43610萬人、1910年43600萬人）；民國時期（1949年），中國人口則增至五四一七○萬人（見圖2）[19]。

---

17 羅桂環等研究成果對此有所闡述，可進一步參閱羅桂環等：《中國環境保護史稿》（北京市：中國環境科學出版社，1995年），頁398-444；羅桂環等：《中國歷史時期的人口變遷與環境保護》（北京市：冶金工業出版社，1995年版），頁18-88。

18 按照曹樹基從洪武二十六年（1393年）開始的年均增長率千分之三點二計算，明末人口仍為一五二五○萬。

19 葛劍雄：《中國人口史》（上海市：復旦大學出版社，2002年），卷1；凍國棟：《中國人口史》（上海市：復旦大學出版社，2002年），卷2；吳松弟：《中國人口史》（上海市：復旦大學出版社，2002年），卷3；曹樹基：《中國人口史》（上海市：復旦大學出版社，2000年），卷4；曹樹基：《中國人口史》（上海市：復旦大學出版社，2001年），卷5。

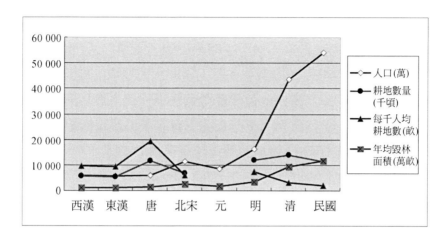

**圖2 歷史時期各朝人口、耕地最高數額、人均耕地畝數和年均毀林
面積示意圖**

上述人口高額，和今天的人口數比較，表面上看去並不算多。但
問題是，一則人口空間分佈極不平衡，唐宋以前，人口大部分集中於
黃河中下游及關中地區。人口的過度集中，極易導致人口所在地區的
環境問題；二則生產力水準不高，為維持眾多人口的生計，在農業生
產力沒有明顯提高的情況下，惟有通過增加耕地面積的辦法滿足其
生存。

2 耕地面積的擴大

文獻中有關歷史上的耕地畝數記載，主要有以下幾個：西漢平帝
元始二年（2年）的八二七萬餘頃、東漢和帝元興元年（105年）的七
三二萬餘頃、唐玄宗開元二十八年（740年）的一四四〇萬餘頃、北
宋神宗元豐年間（1078—1085年）的七八〇萬餘頃、明神宗萬曆三十
年（1602年）的一一六二萬頃、清德宗光緒十三年（1887年）的九一

二萬餘頃、民國時期（1930年）的一一四三萬頃[20]。對於上述耕地統計數，何炳棣認為，西漢元始二年的墾田數「原則上是真的畝數」，東漢數字的「可信性卻遠遜於」前者；唐開元土地數「本來就不是什麼實際耕地面積」；北宋土地數位參考價值小，其「數字決不會反映當時的耕地面積」；何氏對明萬曆年間的數字予以了積極的評價；但光緒年間的數字「和實際耕地面積還是有很大的差距」[21]。然而，由於目前沒有更可靠的統計資料，即便明知有些資料存在不實之情，也只能姑信；而對學界有考證且基本形成共識的結論（如光緒十三年的耕地畝數），這裏予以吸收。於是，上述各個時期的耕地畝數，根據1市畝=1.447西漢畝=1.368東漢畝=1.235唐畝=1.156宋畝=0.962元畝=0.962明畝=0.962清畝[22]的比例，統一折成市畝，則分別為：西漢五七二萬頃、東漢五三五萬餘頃、唐一一六六萬頃、北宋六七五萬頃、明一二〇八萬頃、清一四〇〇萬頃、民國一一散三萬頃（見圖2）。

3 森林的破壞

　　森林的破壞，主要由人類的生活和生產活動導致。森林的破壞途

---

20 梁方仲：《中國歷代戶口、田地、田賦統計》（上海市：上海人民出版社，1980年），頁4-11；〔美〕趙岡等：《中國土地制度史》（北京市：新星出版社，2006年），頁83、86、96。清光緒年間的耕地數，趙岡等校正為一二〇二萬市頃；姜濤認為，除東北外，清朝實有耕地達十二億畝（姜濤：《中國近代人口史》（杭州市：浙江人民出版社，1993年），頁382）；日本學者尾上悅三在其著〈近代中國農業史〉一文中，把東北土地計入，認為一八四〇年中國的耕地總數約為十四億畝（吳慧：《中國歷代糧食畝產研究》（北京市：農業出版社，1985年），頁198）。另有學者根據有關研究，認為清代耕地達二十億畝（鄭正等：〈清朝的真實耕地面積〉，《江海學刊》1998年第4期（1998年））。綜合趙岡、姜濤和日本學者的研究，筆者以為十四億畝的數量當接近事實，故予以採信。

21 〔美〕何炳棣：《中國古今土地數字的考釋和評價》（北京市：中國社會科學出版社，1988年），頁4、7、8、103、105。

22 〔美〕趙岡等：《中國土地制度史》（北京市：新星出版社，2006年），頁53。

徑，一般有二：一是因生產而引發的破壞。為墾殖之需，把林木從地表上剷除，將林地轉化為耕地，常年種植農作物。這種破壞方式，通常是一次性的；二是由於生活薪炭和木材等需而不斷採伐林木。這是經常性的活動，年年月月不斷進行。故將這種破壞方式稱為經常性的破壞。因人為破壞而遭戕伐的林木，有些日後可自我更新，長出再生林木；而有的則因採伐過度，或方法不對，以致林木無法再生，森林自此永久消失。兩種方式對森林的破壞，都是人口的函數，人口愈多，消耗量就越大，破壞的範圍與程度也就愈廣愈甚[23]。

生產活動對林木的破壞性影響，我們可以佘田為例略加探討。佘田是一種原始的刀耕火種式的山地墾作形式。其耕作方法是，首先是砍伐山地林木等植被，在降雨前夕焚燒草木，然後「持刀斫地翻作泥」，雨後或挖穴點播或散播粟黍類旱作種子。佘田「斫地翻作泥」的刀，為「田仰佘刀少用牛」中的佘刀。這種刀非同一般刀具，而是具有「翻泥」、「疏通畦壟」、「整頓溝塍」功效的專業化農具[24]，是南方山區農村普遍使用的「鐵齒鈀」，古稱「鐵搭」。用鐵搭掘土，可達到與犁耕一樣甚至超過牛耕的深耕效果，有日耕一畝之效[25]。在備受剝削和壓抑小農經濟時代，小農難以置備較大的農具，常常缺牛少耙，鐵搭因此成為山區小農慣用的耕墾工具[26]。

---

23 〔美〕趙岡：《中國歷史上生態環境之變遷》（北京市：中國環境科學出版社，1996年），頁4、70。

24 周尚兵：〈唐代南方佘田耕作技術的再考察〉，《農業考古》2006年第1期（2006年）。

25 曾雄生：〈從江東犁到鐵搭：9世紀到19世紀江南的縮影〉，《中國經濟史研究》2003年第1期（2003年）。

26 參見中國農業科學院、南京農學院中國農業遺產研究室：《中國農學史》（北京市：科學出版社，1984年），下冊，頁19。

佘田墾殖方式源於先秦的菑佘三年迴圈休耕制[27]。而在山地採用刀耕火種形式墾耕的佘田制則出現於唐代，唐宋以後在江南山區廣泛採用[28]，唐宋詩詞作品中留有這一方面的大量記錄[29]，直至明清時期，佘田制都是山區特別是南方山區的重要耕作形式。如清代秦巴山區棚民以刀耕火種的形式在山區所從事的農業開發，即為一典型事例趙岡、鄒逸麟、張建民等對此有具體的研究，可進一步參見。[30]。

以刀耕火種為特徵的佘田會不會導致水土流失，是一個有爭議的問題。因為少數民族的刀耕火種，基本上不會導致水土流失。但在漢族山地農業區，由於放火燒荒後多用牛犁深耕，傷及樹根，一旦耕地棄荒，被毀林木不能再生，容易出現水土流失[31]。對此，我們認為，既然運用佘刀耕地，能取得和牛耕同樣的深耕效果，牛耕易致水土流失，那麼「田仰佘刀」的佘田耕作形式，無疑也會產生和使用牛犁深耕一樣的環境後果。此其一。其二，以刀耕火種為特徵的佘田制是原始的山地墾耕形式。佘田順坡而耕，且不設堤堰，加上刀耕火種對於植被的破壞，每遇大雨，大量田土隨山水順坡而下，形成水土流失。

---

27 〔美〕趙岡：《中國歷史上生態環境之變遷》（北京市：中國環境科學出版社，1996年），頁9。

28 中國農業科學院、南京農學院中國農業遺產研究室：《中國農學史》（北京市：科學出版社，1984年），下冊，頁19；董愷忱等：《中國科學技術史‧農學卷》（北京市：科學出版社，2000年），頁384。

29 如晚唐詩人薛能的〈褒斜道中〉「鳥徑惡時應立虎，佘田間日自燒松」詩句，描寫的就是唐代後期秦巴山區中佘田刀耕火種的情景。具體參見〔日〕大澤正昭撰，億里譯：〈唐宋時代的燒田（佘田）農業〉，《中國歷史地理論叢》2000年第2輯（2000年）。

30 〔美〕趙岡：《中國歷史上生態環境之變遷》（北京市：中國環境科學出版社，1996年）；鄒逸麟：〈明清流民與川陝鄂豫交界地區的環境問題〉，《復旦學報》1998年第4期（1998年）；張建民：《明清長江流域山區資源開發與環境演變——以秦嶺-大巴山區為中心》（武漢市：武漢大學出版社，2007年）。

31 郭聲波：〈四川歷史上農業土地資源利用與水土流失〉，《中國農史》2003年第3期（2003年）。

所以，一般是兩三年之後，山地就會土肥枯竭，不能耕作，不得不另
闢新地。以致到了明清時期，經過數百年的砍燒和水土流失後，以此
耕作方式為生的居民遷徙更為頻繁；隨著佘耕者遷徙頻率的加大和流
動範圍的擴大，山區生態環境受到破壞的深度和廣度就越來越大[32]。
其三，佘耕是山地的刀耕火種形式，其活動開展的本身，就是以破壞
山林為前提的，歷史上的佘耕分佈區與森林破壞嚴重地區間具有的一
致性，就能很好地說明問題[33]。

　　生活需求對森林的影響，主要可從薪炭消費和棺木消費兩方面來
略加討論。薪炭是人們日常生活所有行為中對木材耗費最巨的一項。
趙岡在其研究中，曾按每人每天消耗 1.5 kg 薪柴計算，則每人每年
消耗薪柴約 550 kg；若 1 m^3 木材重為 550 kg，則每人年均消耗木材
1 m^3。假如每畝森林的木材蓄積量是 4.7 m^3，我們就可據此求得歷朝
高峰人口期全國每年薪柴消耗的大概情況。製作棺木也是人們日常生
活中耗費木材的一個重要類項。假如歷史時期年均死亡率為百分之二
點八，普通一具棺木平均需要木材 0.3m^3，照此參數，我們又可以計
算出歷史時期每年棺木消費木材總量。在上述兩項對林木消費總量
中，如果被毀林木中有九成多年後能夠自我更新，成為再生林，而一
成從此消失，所在之處成為濯濯之地[34]，那麼，歷史時期各朝高峰人
口期每年的毀林面積和林木自此消失的面積就一目了然（見表 1、圖
2）：由於人口的持續不斷增長，歷史時期的居民對林木的耗費總量也

---

32 曾雄生：〈唐宋時期的佘田與佘田民族的歷史走向〉，《農業考古》2005年第4期（2005年）。

33 如周尚兵在研究唐代佘耕技術時，即發現從全國範圍來看，唐代佘耕區的分佈地區，就是原木林遭到大量砍伐的地區。周尚兵：〈唐代南方佘田耕作技術的再考察〉，《農業考古》2006年第1期（2006年）。

34 〔美〕趙岡：《中國歷史上生態環境之變遷》（北京市：中國環境科學出版社，1996年），頁70、71、73。

在連續的上陞；每年僅薪柴、棺木消費而導致從此消失的林木總面積，由西漢每年的一二七萬畝，到北宋的二四〇餘萬畝，再到明代的近三五〇萬畝、清代的九三〇餘萬畝，而民國末年則每年高達一一六〇餘萬畝。其中北宋、明代和清代因人口增幅甚巨，成為耗費林木較多的時期，特別是明代以後。明代毀林嚴重的現象，在區域性如北京地區的林木消費中亦有較為清晰的折射。

表1　中國歷史主要時期薪柴、棺木消費林木量及毀林面積情況

朝代（年代）	人口（萬）	薪柴、棺木消費林木量及毀林面積				
		薪柴總消費量（萬m3/年）	毀林面積（萬畝/年）	棺木消費木材量（萬m3/年）	毀林面積（萬畝/年）	毀林/從此消失的森林總面積（萬畝/年）
西漢（2年）	5900	5900	1255	50	11	1266/127
東漢（157年）	5650	5650	1202	48	10	1212/121
唐（755年）	5998	5998	1276	50	11	1287/129
北宋（1109年）	11300	11300	2404	95	20	2424/242
元（1330年）	8500	8500	1808	71	15	1823/182
明（1393年）	7270	7270	1546	61	13	1559/156
明（1642年）	16159	16159	3438	136	29	3467/347
明崇禎末	15250	15250	3244	128	27	3271/327
清（1776年）	31150	31150	6627	262	56	6683/668
清（1851年）	43610	43610	9278	366	78	9356/936
清（1910年）	43600	43600	9276	366	78	9354/935
1949年	54170	54170	11525	455	97	11622/1162

資料來源：葛劍雄：《中國人口史》（上海市：復旦大學出版社，2002年），卷1；凍國棟：《中國人口史》（上海市：復旦大學出版社，2002年），卷2；吳松弟：《中國人口史》（上海市：復旦大學出版社，2002年），卷3；曹樹基：《中國人口史》（上海市：復旦大學出版社，2000年），卷4；曹樹基：《中國人口史》（上海市：復旦大學出版社，2001年），卷5；〔美〕趙岡：《中國歷史上生態環境之變遷》（北京市：中國環境科學出版社，1996年）。

通常說「百里不販樵，千里不販糴」。薪柴因體大量重且價不高，不宜長途販運，一般都在消費地附近區域採伐。有學者曾以明代北京城生活燃料的轉變為對象，對其背後的動因——人口增長和森林砍伐殆盡——的情況進行了考察。作為明朝首都的北京，從明初至明末二百餘年，城市的規模不斷擴大，明初人口十餘萬，而到十五世紀中葉的正統年間（1436-1449年）人口已增至約六十萬。然隨之則是生活燃料和建材等問題的接踵而至，大肆砍伐森林不可避免且情況日益嚴重。北京附近山嶺，如北面的燕山、西北的軍都山等明初茂密的森林，隨著附近軍民基於燃料及建材的需求而進行濫伐，正統年間開始漸次枯竭。在十六世紀初（弘治、正德年間，1500-1521年），政府不得不嚴禁砍伐山林，但效果極微；儘管明代後期在山嶺實施人工造林，但無論如何也難與明初相匹。於是，北京居民的生活燃料，便在山林漸次消失、柴炭供應量有限、柴炭價格上漲的形勢下，逐漸自然地轉向以煤炭為主[35]。

4 人口增長、耕地的墾闢、森林的破壞與環境變遷

人是生產者，更是消費者。人類的活動，無論是其生產行為，還是消費行為，都對環境產生一定的負面影響。中國歷史上的環境負向變遷，首要之因就是其間人口的急劇增長。因為很簡單，中國是一個農業社會，中國人口的絕大部分是農民，傳統中國的一切消費都源於農業。在農業生產工具進步不大[36]、生產技術水準沒有明顯提高，以及土地報酬遞減等情況下，面對大量增長的人口，如何滿足其衣食住

---

35 邱仲麟：〈人口增長、森林砍伐與明代北京生活燃料的轉變〉，《中央研究院歷史語言研究所集刊》第74本第1分（2003年）。

36 翻開如《氾勝之書》、《齊民要術》、《農書》、《農政全書》等歷史上記載農業工藝的幾部農書，即可發現這一問題。

行之需，是歷代政府和社會不得不嚴肅對待的現實問題。解決這個問題，除提高復種指數和引進新的農作物品種外，主要的解決辦法就是擴大耕地面積：向山要地、與水爭地。中國歷史上的第一個人口高峰，出現於西漢末，與水爭地的情況，因此早在西漢時期就已存在，《漢書溝洫志》對此有所記載，只是當時還不是普遍現象，問題也不是很突出；但在唐代，向山要地、與水爭地一併出現，其墾種方式分別為佘田和圩田、葑田、隯田[37]；而隨著歷史上第二個人口高值期的到來，伴隨著南方地區的開發，廣泛地墾殖山地、毀壞山林、修造梯田、圍湖造田便成為宋及其以後歷史時期的普遍現象[38]。耕地面積在

---

37 參見吳存浩《中國農業史》（北京市：警官教育出版社，1996年），頁660-664。

38 學界關於此一方面的研究成果尤多，可進一步參見。前三個方面主要者如陳橋驛：〈歷史上浙江省的山區墾殖與山林破壞〉，《中國社會科學》1983年第4期（1983年）、張芳：〈明清時期南方山區的墾殖及其影響〉，《古今農業》1995年第4期（1995年）、趙岡：中國歷史上生態環境之變遷》（北京市：中國環境科學出版社，1996年）等等；圍湖造田則以洞庭湖的例子較為突出。其研究成果主要有：張修桂〈洞庭湖演變的歷史過程〉，《歷史地理》創刊號（上海市：上海人民出版社，1981年）；景存義：〈洞庭湖的形成與演變〉，《南京師院學報（自然科學版）》1982年第2期（1982年）；卞鴻翔等：〈唐宋時期洞庭湖的演變〉，《湖南師院學報（自然科學版）》1984年第2期（1984年）；卞鴻翔：〈元明清時期洞庭湖的演變〉，《湖南師範大學學報（自然科學版）》1985年第1期；卞鴻翔等《洞庭湖區圍墾問題的初步研究》，《地理學報》1985年第2期（1985年）；林承坤：〈洞庭湖的演變與治理（下）──洞庭湖的演變及其治理設想〉，《地理學與國土研究》1986年第1期（1986年）；卞鴻翔：〈歷史上洞庭湖面積的變遷〉，《湖南師範大學自然科學學報》1986年第2期（1986年）；張建民：〈清代江漢洞庭湖區堤垸農田的發展及其綜合考察〉，《中國農史》1987年第2期（1987年）；石泉等：〈江漢平原的垸田興起於何時〉，《中國歷史地理論叢》1988年第1輯（1988年）；梅莉：〈洞庭湖區垸田的興盛與湖南糧食的輸出〉，《中國農史》1991年第2期（1991年）；梅莉等《兩湖平原開發探源》（南昌市：江西教育出版社，1995年）；尹玲玲：〈明代洞庭湖地區的漁業經濟〉，《中國農史》2000年第1期（2000年）；蘇成等：〈洞庭湖的形成、演變與洪澇災害〉，《水土保持研究》2001年第2期（2001年）；周宏偉：〈洞庭湖變遷的歷史過程再探討〉，《中國歷史地理論叢》2005年第2輯（2005年）。

人口數巨幅增加的刺激下不斷擴大，但人均耕地畝數同時日益趨低，特別是有清以來，人地關係日趨緊張[39]。盲目的墾殖，最終導致山地水土流失嚴重，河湖淤淺，蓄泄水無著，以致水旱災害發生頻繁[40]。人口的增長、耕地面積的擴大、森林覆蓋率的下降、水旱災害年均發生率的上陞等大致的同步性（參見圖1、圖2），充分說明了歷史時期的環境負向變遷，是自然因素（如氣候等）之外諸如人口壓力下不當或過度利用自然資源等社會因素共同作用的產物。

三　關於儒家生態意識與歷史時期的環境保護

中國歷史上有環境保護之實，這是學界的共識。如上引羅桂環、陳登林等研究成果，以及余文濤等《中國的環境保護》、嚴足仁《中國歷代環境保護法制》、李丙寅等《中國古代環境保護》[41]。等著，在這方面都有所研究。本書對先秦、秦漢時期的生態職官和生態法律也進行了一定的探討。

關於環境保護，《中國大百科全書》的相關界定是：「採取行政的、法律的、經濟的、科學技術的多方面措施，合理地利用自然資源，防止環境污染和破壞，以求保持和發展生態平衡，擴大有用資源的再生產，保障人類社會的發展」；現代社會由於「環境同人口增長、經濟發展、資源利用之間的相互影響日益加強」，「環境保護的任

---

39 根據既有的人口和地畝記載，各時期人均耕地畝數分別為：西漢九點六、東漢九點五、唐十九點四、宋六點○、明七點五、清三點二、民國二點一（見圖2）。

40 鄒逸麟：〈有關環境史研究的幾個問題〉，《歷史研究》2010年第1期（2010年）。

41 文濤等：《中國的環境保護》（北京市：科學出版社，1987年）。嚴足仁：《中國歷代環境保護法制》（北京市：中國環境科學出版社，1989年）。李丙寅等：《中國古代環境保護》（開封市：河南大學出版社，2001年）。

務，由傳統的保護自然環境的工作演變為保護人類發展與生態平衡的
工作」；環境保護的內容，世界各國雖不盡相同，但「大致包括兩個
方面：一是保護和改善環境品質，保護居民身心健康，防止機體在環
境影響下產生變異與退化；二是合理利用自然資源，減少或消除有害
物質進入環境，以及保護自然資源（包括生物資源）的恢復和擴大再
生產，以利於人類生命活動」[42]。由此歸納可以看出：其一，環境保
護的目的，從自然方面而言，就是防止環境破壞和污染，合理利用自
然資源，維持和保護生態平衡，擴大自然資源的再生產；從人類方面
來說，就是保證人類在有利的生態環境下身心健康，實現人類社會的
可持續發展；其二，措施方面的多元化，既有行政的、法律的，又有
經濟的、科學技術的，同時觀念性的措施如環境教育也必不可少。不
過，上述「環境保護」，是從現代意義上來講的。中國古代的環境保
護，羅桂環從注重防災抗災、強調森林資源的合理利用和保護、農業
生產中的綜合平衡、關注人地協調等四個方面，對其特徵進行了總
結[43]。然而，羅桂環等在其另一著作中，又把中國歷史上的環境保護
特點概括為三點：第一，中國從先秦開始形成的生態資源合理利用思
想充滿著整體觀念和平衡觀念，是我國人民對生產和生活環境和諧、
持續穩定追求的體現。這種整體平衡的思想，深刻地影響了我國人民
的處事態度，具體到環境保護方面，就是在合理利用生物資源上注意
保持生物種群的消長平衡；第二，我國歷史上的環境保護與人口的不
斷增長，及由此產生的環境問題關係密切；第三，傳統的有關環境保
護的倫理觀念與一些宗教教義相結合，並在古代環境保護中起過一些

---

42 中國大百科全書總編輯委員會：《中國大百科全書‧環境科學》（北京市：中國大百
科全書出版社，1983年），頁155。

43 羅桂環等：《中國環境保護史稿》（北京市：中國環境科學出版社，1995年），頁450-
452。

影響[44]。將上述兩個歸納綜而合之，或能反映中國歷史時期環境保護特徵之一斑，特別是將傳統生態意識或環境倫理觀念在古代環境保護實踐中發揮過一定影響作為中國環境保護史的一個特點，應該說是十分準確的。

關於傳統生態或環境意識對環境保護實踐的影響作用，學界雖有探討，但總的說來，研究還不夠充分。有學者曾就「中國古代環境倫理的理論與實踐」這一主題撰文指出，觀念是行動的指南，有什麼樣的觀念，往往就有什麼樣的行為。中國古代保護自然資源再生能力的思想不僅是觀念性的，而且也是實踐性的。並舉《國語魯語上》中記載的「里革斷罟匡君」的例子來說明問題；同時又強調：如果說「里革斷罟匡君」只是個別事件，尚不具備普遍的說服力，那麼歷史上的有關法律制度，則應具有普遍的說服力。為此，論者舉了兩個案例，一個是湖北雲夢出土的秦簡《田律》，另一個為甘肅敦煌發現的寫在牆上的漢代《使者和中所督察詔書四時月令五十條》[45]。這裏從職官、律令等國家制度層面，僅對學界罕有討論的儒家生態意識與中國古代環境保護實踐之間的關係略加闡說。

首先，古代帝王很多起著有效保護生態資源作用的詔令，是在儒家生態保護主張的直接影響下頒佈的，並在民間得到了積極的貫徹和執行。本書第一章中辯駁學界認為「天人合一」說沒能有效地阻止中國環境品質下降的趨勢時曾提到過這個問題，並在第八章關於秦漢生態保護法律的探討中又一次地予以了具體的闡釋。這裏再列舉兩個事例，以進一步說明這一問題。

44　羅桂環等：《中國歷史時期的人口變遷與環境保護》（北京市：冶金工業出版社，1995年），頁5-8。

45　嚴火其等：〈中國古代環境倫理的理論與實踐〉，《江海學刊》2005年第1期（2005年）。

　　第一個事例是宋代的。據《宋史食貨志上一》，北宋真宗大中祥符四年（1011年），真宗針對當時盛行的畬田「火種」對昆蟲等動物「生類」的傷害而下詔：「火田之禁，著在《禮經》，山林之間，合順時令。其或昆蟲未蟄，草木猶蕃，輒縱燎原，則傷生類。諸州縣人畬田，並如鄉土舊例，自餘焚燒野草，須十月後方得縱火，其行路野宿人，所在檢察，毋使延燔。」這是一道比較典型的生態保護詔令[46]。真宗要求人們不要在「昆蟲未蟄，草木猶蕃」時節縱火燎原，以免傷及「生類」；各地可考慮所在區域季節早晚情況，分別確定「火田」時間。但一般情況下，都應在十月草木凋零、生物蟄伏以後方可放火，並嚴加檢查，毋令火勢蔓延致災。這種「時禁」、「時用」之法，正是儒家一再申述的內容。清初徐幹學等編《御選古文淵鑒》卷四十二在注真宗詔書中「火田之禁，著在《禮經》」之《禮經》時，分別引用了東漢經學家鄭玄注《周禮大司馬》「火弊」之「火弊，火止也。春田主用火，因焚萊除陳草，皆殺而火止」和《禮記王制》「昆蟲未蟄，不以火田」的記載，說明真宗這一保護昆蟲等生物資源的詔令，就是在儒家生態意識的直接支配下做出的。另外，《宋史高宗本紀七》所載南宋高宗紹興二十年（1150年）二月頒佈的「禁民春月捕鳥獸」詔令，顯然也是受《禮記月令》孟春「毋覆巢，毋殺……飛鳥」影響的產物。

　　第二個例子是清初的。《大清會典則例戶部田賦二》載稱，乾隆七年（1742年），清高宗諭曰：「《周禮太宰》『以九職任萬民：一曰三農，生九穀。二曰園圃，毓草木。三曰虞衡，作山澤之材。四曰藪牧，養蕃鳥獸。』其為天下萬世籌贍足之計者，不獨以農事為先，務

---

46 葉坦：〈宋代帝王的經濟觀——君主詔令所反映的保護生產與生態的思想〉，《中州學刊》1990年第6期（1990年）。

而兼修園囿、虞衡、藪牧之政。故因地之利，任囿以樹事，任牧以蓄事，任衡以山事，任虞以澤事，使山林川澤丘陵之民，得享山林川澤丘陵之利。……如果園囿、虞衡、藪牧之職以次修舉，於民生日用不無裨益。國家承平日久，生齒日繁，凡資生養贍之源，不可不為急講。……督撫大吏身任地方，所當因地制宜，及時經理。其已經開墾成產者，加意保護，或荒墟榛壤，以及積水所匯有可疏闢者，多方相度籌畫，俾地無遺利，民無餘力，以成經久優裕之良法。至於竭澤焚林並山澤樹畜一切侵盜等事，應行禁飭。」這一詔令，反映了兩個問題：其一，前文已及，詔令中引述的《周禮》這段文字，講的是土地資源的充分利用問題。清初因人口增長甚巨，國家人口壓力較大，為解決民生問題（即「國家承平日久，生齒日繁，凡資生養贍之源，不可不為急講」），於是朝廷頒詔要求地方官員「因地之利」，「俾地無遺利」，提高土地利用率。這一動因和《周禮》的目的一致，所以，高宗援引此語，以明言之有據。其二，《周禮》中的山衡、澤虞之官，主要職責與作用是管理和保護山澤資源。高宗引《周禮》虞衡之職，雖然目的在於「使山林川澤丘陵之民，得享山林川澤丘陵之利」，即出於自然資源利用的初衷，但他同時又要求各督撫大吏「應行禁飭」地方「竭澤焚林並山澤樹畜一切侵盜等事」，具有保護生態資源的意義。因此，從古代帝王保護生態的詔令中引用《周禮》等儒家典籍的情況看，儒學對古代環境保護政策的制定和實施，確實有著積極的影響。

至於此類詔令的執行情況，可以一九九〇年代初甘肅敦煌考古發現的西漢平帝元始五年（5年）《四時月令詔條》為例來說明。《詔條》內容分三部分：第一部分是《詔條》頒行背景的介紹。第二部分為《詔條》簽發、收（轉）發文日期及其相關責任人。其中，位於《詔條》文首的署發文日期（元始五年五月甲子朔丁丑），亦即其開

始生效的日期；文尾「五月辛巳」和「八月戊辰」兩個日期，分別為
《詔條》抵達敦煌郡（及再行下轉）和懸泉置的收（轉）文時間。第
三部分為《詔條》的具體內容[47]。《詔條》內容和《禮記月令》所載內
容基本一致。我們因而可以肯定：《四時月令詔條》的正文內容，就
是來源於《禮記月令》[48]。也就是說，儒家典籍《禮記月令》中有關
生態保護的記載，在西漢末年被漢廷作為與法律具有同等效力的詔令
在全國推行。關於其執行效果，有兩點可以肯定：其一，《詔條》到
達西北後，被當時的地方官員如同後世在牆上刷寫「革命」標語一樣
書寫在交通要道——懸泉置——的泥牆上加以宣傳，無疑有助於《詔
條》影響的擴大及其貫徹執行；同時，《詔條》具有法律效力，如果
違反或執行不力，就要追究法律責任。因此，《詔條》頒行後，朝廷
專派和中（仲）為使者，督察《詔條》在敦煌一帶的下達執行情況。
其二，此類詔令在西北地方得到認真執行的情況，在居延漢簡中也有
不少記載[49]，《詔條》的執行情況據此不難推知。試想：上述生態保護
詔令在邊遠的敦煌都能得到如此的對待，那麼在漢廷控制力較強的內
地郡縣，地方官員和民眾對有關生態保護詔條的態度當自不待言。

　　其次，有關生態保護的法律，也留有濃鬱的儒學印記。傳統中國
雖然沒有今天意義上的環境保護法，但我國古代以立法的形式加強自
然資源的保護，有著悠久的歷史[50]。在古代生態保護法律產生、發展

---

47 具體參見胡平生等：《敦煌懸泉漢簡釋粹》（上海市：上海古籍出版社，2001年）；
　　中國文物研究所等：《敦煌懸泉月令詔條》（北京市：中華書局，2001年）。
48 或有研究者認為，《詔條》內容取自《呂氏春秋》之「十二紀」。但是，《詔條》的
　　實際制定和頒佈者均為敦崇儒術尤其《周禮》的王莽，其擬制者很有可能是大儒劉
　　歆。因此，《詔條》來自《呂氏春秋》的可能性甚微。
49 具體參見甘肅省文物考古研究所等：《居延新簡》（北京市：文物出版社，1990年）。
50 有人在研究中國古代環境保護法制時認為，從西周到明清，中國環境保護法律制度
　　總體上處於一個不斷衰落的過程，這是土地從原始國有制到封建私有制變化過程

過程中，儒學對其產生了不可小覷的影響作用。

第一，儒家「天人合一」思想對古代立法影響較為突出。有學者以《周易》為對象，考察了儒家「天人合一」哲學對古代法律的影響作用。儒家「天人合一」觀具有整體、系統思維的特徵，認為天、地、人合為一體，彼此相關，密不可分。受這種思維和思想的影響，人們認為法律作為人類社會現象的一種，也不能脫離天地萬物而單獨從人類本身考察，法律非但要調整人際關係，更要把天地萬物一併納入法律調整的範圍，處理好人與自然萬物的關係。在利用天地萬物方面，人類要「節以制度」（《周易節》），合理保護自然資源[51]。

第二，直接將儒家生態保護主張寫入有關生態保護法律中。其中最典型者，就是把《禮記月令》中的「時禁」等內容，形成為法律條文。這方面的例子很多。如秦律《田律》「春二月，毋敢伐材木山林」和張家山漢墓竹簡《二年律令田律》中的「春夏毋敢伐材木山林，……燔草為灰」的規定，就是《禮記》孟春「禁止伐木」、仲夏「令民毋燒灰」的內容；唐明時期，不僅把儒家有關生態保護主張寫進律典，而且還將之進一步細化。如《唐律》「非時燒田野」條規定：「諸失火及非時燒田野者，笞五十。」長孫無忌等疏云：「『失火』，謂失火有所燒，及不依令文節制而非時燒田野者，笞五

中，國家生態環保責任弱化的必然結果。隋代和初唐時期，土地封建國有，國家的生態環保責任得到一定強化，但不能改變土地走向封建私有制的總體趨勢，因此也就不能改變生態環保法制走向衰落的總體趨勢。明清時期，中國的生態環保法律制度已經被完全「虛化」了（周啟梁：〈中國古代環境保護法制通考──以土地制度變革為基本線索〉，《重慶大學學報》2011年第2期（2011年））。首先，研究者承認中國古代存在環境保護法律；其次，該文論證存在諸多問題，其所謂的明清時期生態環境保護法律被完全「虛化」的結論難以成立。

51 梁清華：〈《周易》的天人合一哲學及其對中國封建法的影響〉，《周易研究》2001年第2期（2001年）。

十。……注云『非時，謂二月一日以後、十月三十日以前。若鄉土異宜者，依鄉法』，謂北地霜早，南地晚寒，風土亦既異，宜各須收穫總了，放火時節不可一准令文，故云各『依鄉法』。」（《唐律疏議雜律下》）據此而知，其中「非時燒田野」就是《禮記月令》的「時禁」之屬；但〈月令〉僅有禁限要求，並未規定如何處置違者，《唐律》對此作出了明確的規定，把〈月令〉形成為律文的同時，還將其內容進一步細化；另外，律條中有還「非時……依鄉法」注文，是對〈月令〉規定的發展。因為〈月令〉中的內容，是就黃河中下游地區的情況而言的。到了唐代，由於國家區域版圖的擴大，節令早晚差別較大，法律對依時而定的「燒田」規定不能過於整齊劃一，而具體執行者也不可死板，千篇一律地按照規定實施，於是就有了「依鄉法」的解釋。

第三，受儒家禮儀文化的影響，傳統生態法律中具有濃鬱的「禮」性。對此，有研究者指出，我國古代法律「以禮入律」、「禮刑合一」，禮就是法。受此影響，中國古代環境法律對環境的保護與「禮」緊密關聯，以「禮」為標準，劃分重點保護環境，凡是在禮中居於重要位置的環境，都受到了法律的特別保護[52]。

最後，相關生態職官的設置，與儒家典籍《周禮》有很大的聯繫。《周禮》中的職官，雖不能說是周代的職官，但稱《周禮》職官是沒有問題的。由於《周禮》是儒家十三經之一，據其記載而設置的生態職官，不管怎麼說，都不能不視作儒學影響的產物。

虞衡是《周禮》記載的職官，也是先秦時期曾設置過的官職。受《周禮》影響，在以後的歷史時期，虞衡一職長期存在，並執行其生

---

52 張梓太：〈中國古代立法中的環境意識淺析〉，《南京大學學報》1998年第4期（1998年）。

態管理的職能。對此,杜佑《通典職官五》在記唐朝虞部郎中一職時注云:「虞部,蓋古虞人之遺職。至魏,尚書有虞曹郎中,晉因之。梁、陳曰侍郎。後魏、北齊虞曹掌地圖、山川、遠近園囿、田獵、雜味等,並屬虞部尚書。後周有虞部下大夫一人,掌山澤草木鳥獸而阜蕃之;又有小虞部,並屬大司馬。隋初為虞部侍郎,屬工部。煬帝除『侍』字。(唐高祖)武德(618-626年)中,加『中』字。(高宗)龍朔二年(662年),改為司虞大夫,咸亨元年(670年)復舊。(玄宗)天寶十一年(752年),又改虞部為司虞,(肅宗)至德(756-757年)初復舊。掌京城街巷種植、山澤、苑囿、草木、薪炭供需、田獵等事。」可見,除秦漢外,從曹魏到隋唐,《周禮》虞衡一職始終存在,且自魏至隋,其職責都主要為執掌地圖、山川、遠近園囿、田獵等事[53]。唐代虞部職權範圍比原先有所擴大,但基本工作仍為山林川澤之事[54]據《新唐書百官志一》,唐代虞部隸屬工部,「虞部郎中、員外郎,各一人,掌京都衢閞、苑囿、山澤草木及百官蕃客時蔬薪炭供頓、畋獵之事。……凡郊祠神壇、五嶽名山、樵採、芻牧皆有禁,……春夏不伐木。京兆、河南府三百里內,正月、五月、九月禁弋獵」。。宋代工部掌天下「山澤、苑囿、河渠之政」,所屬部門有三,虞部為其一(另一和生態保護相關的部門是水部)。虞部郎中、員外郎「掌山澤、苑囿、場冶之事,辨其地產而為之厲禁。凡金、銀、銅、鐵、鉛、錫、鹽、礬,皆計其所入登耗以詔賞罰」(《宋史職官志三》)。明洪武六年(1373年),在工部下設置虞部,二十九年(1396年)改虞部為虞衡。對於明代虞部,有人衡之以《周禮》虞衡之責,認為「已經沒有與『生態環境保護』有關的『厲禁』事宜,這

---

53 《隋書·百官志中》:隋朝虞曹隸屬尚書省,虞曹都官二千石,「掌地圖,山川遠近,園囿田獵,殽膳雜味等事」。

54 余文濤等:《中國的環境保護》北京市:科學出版社,1987年),頁17。

實際上是宣告『生態環境保護』完全退出『虞衡（部）』的職責範圍」[55]。事實果真如此嗎？請看《明史職官志一》中的一段記載：「虞衡典山澤採捕、陶冶之事。凡鳥獸之肉、皮革、骨角、羽毛，可以供祭祀、賓客、膳羞之需，禮器、軍實之用，歲下諸司採捕。水課禽十八、獸十二，陸課獸十八、禽十二，皆以其時。冬春之交，罝罘不施川澤；春夏之交，毒藥不施原野。苗盛禁蹂躪，穀登禁焚燎。若害獸，聽為陷穽獲之，賞有差。凡諸陵山麓，不得入斧斤、開窯冶、置墓墳。凡帝王、聖賢、忠義、名山、嶽鎮、陵墓、祠廟有功德於民者，禁樵牧。凡山林、園林之利，聽民取而薄徵之。」和此前歷史階段相比較，明代虞衡的職責範圍有所擴大，但對虞衡在自然資源的「時用」、「時禁」方面的責任，也作出了較以往各朝更為明確的規定。有學者對於明代虞衡之設及其職責的界定，曾予以了積極的評價，認為從制度的層面來評價，明代虞衡司的設置，對自然生物資源的管理、保護和合理利用，是不可或缺的[56]。因此，生態保護職責不僅沒有「完全退出」明代虞衡的職責範圍，而且這一職責還得到了進一步的強化。

馬克斯、恩格斯曾在《德意志意識形態》一書中寫道：「我們僅僅知道一門唯一的科學，即歷史科學。歷史可以從兩方面來考察，可以把它劃為自然史和人類史。但這兩方面是密切相聯的；只要有人存在，自然史和人類史就彼此相互制約」[57]。馬、恩這一論斷，並不單是強調歷史學是多麼的重要，而是突出歷史研究應包括自然史和人類

---

55 周啟梁：〈中國古代環境保護法制通考——以土地制度變革為基本線索〉，《重慶大學學報》2011年第2期（2011年）。

56 楊昶：〈明朝有利於生態環境改善的政治舉措考述〉，《華中師範大學學報》1999年第5期（1999年）。

57 〔德〕馬克斯、恩格斯：《馬克思恩格斯全集》（北京市：人民出版社，1960年），卷3，頁20。

社會史兩個重要的對象。然而，本來須臾不分的兩個對象，在後來的「歷史」研究中，「自然」被排除在外，「歷史」研究就成了人類文明的專門研究。這種把「人」與「自然」相割離的「歷史」研究，雖已取得了不菲的成就，但對「歷史」的理解是片面的，對人類文明的認識也未必完全正確。理由很簡單，人與自然本來就是一體的，人類社會一切活動，即使在當今科學技術水準達到很高的情況下，仍然不同程度地受到自然環境的制約。因此，研究自然史，不僅有助於弄清歷史環境的變遷狀況及其原因，而且還有助於解決當今的環境問題，因為目前我們遇到的環境危機，既是現實的問題，也是歷史的問題。現實中的環境是歷史環境的延續，這一點誠如馬克思所說的那樣：「人們自己創造自己的歷史，但是他們並不是隨心所欲地創造，並不是在他們自己選定的條件下創造，而是在直接碰到的、既定的、從過去繼承下來的條件下創造」[58]。並且，自然環境又是人類文明發生和發展的物質基礎和自然舞臺，考察環境史，因此有助於理解傳統社會及其變遷，更好地認識人類文明的本質和精髓。美國前總統哈里杜魯門曾說：「總統需要面對的大多數問題都植根於過去。」美國環境史學者唐納德沃斯特就此而指出：杜魯門因工作需要而閱讀了許多歷史著作，但他沒有讀到也不可能讀到任何一部環境史，因為那個時代環境史尚不存在。「假如他今日在位，我們可以給他一張書單，並且說，總統先生，自然的命運、國家的命運和人類的命運掌握在您的手中。閱讀新的歷史，吸收它的觀點，然後，在智慧與同情中為地球的利益而行動。」[59]上述話語頗有啟發意義：

---

58 〔德〕馬克斯、恩格斯：《馬克思恩格斯全集》（北京市：人民出版社，1960年），卷1，頁603。

59 〔美〕唐納德‧沃斯特撰，侯琛譯：〈為什麼我們需要環境史〉，《世界歷史》2004年第3期（2004年）。

　　第一，自然環境、人類社會的發展均一脈相承，但人類文明與環
境變遷休戚相關。今天的環境問題是過去片面發展的產物；而當下的
行為，一定會對未來的環境產生深遠的影響。其影響之良窳，取決於
時人之所為。

　　第二，對環境的影響後果，是人類一切行為必須充分考慮和高度
重視的問題。「人無遠慮，必有近憂」（《論語衛靈公》）。中國古代農
業文明史和西方近代工業文明史在此方面都有很多正反的例子。

　　第三，環境史的研究具有積極的資鑒意義，正所謂的「以史為
鑒，可以知興替」！那麼，就儒家生態意識而論，其中的哪些內容對
當今實現「人與自然和諧發展」的目標有借鑒之功呢？稍加概括，主
要無外乎以下幾點：一是天地萬物之靈的「人」肩有「贊天地之化
育」的「成」物之任，二是仁者「愛物」的「仁術」，三是「萬物一
體」的思想，四是「以事親之道以事天地」的「民胞物與」說，五為
「生生大德」與「愛惜物命」觀，六為生態資源利用方面的「釣而不
網，弋不射宿」的善待萬物之意[60]。然而我們注意到，國內有研究者
認為，中國傳統哲學與文化是農業社會要求人與自然保持和諧統一的
反映，是「靠天吃飯」的哲學；若說曾在歷史上起過一些作用的話，
那麼到了工業社會（乃至後工業社會）就完全不能適用了，它與現代
文明「格格不入」，只能被埋進歷史的墳墓。如果還主張用這種「天
人合一」哲學解決現代化乃至後現代化的問題，那只能是「白日做
夢」，就是復古與反動！國外研究者如澳大利亞帕斯莫爾甚至認為，
亞洲哲學整體上是充滿神秘主義的、危險的農民哲學，傳入西方，會
對西方文明構成威脅，甚至會葬送西方「寶貴」的政治自由制度。他

---

60 有關內容，可參見胡發貴：〈儒家生態倫理思想芻論〉，《道德與文明》2003年第4期
　（2003年）。

強調說，就算是生活在一個污染的世界裏，也比生活在一個缺乏政治自由的專制社會要好，並且東方哲學與宗教傳統也未能很好、有效地阻止自己的環境惡化[61]。關於中國傳統哲學與文化在歷史上的環境保護中所起的作用，本書和學界以儒學為對象所作的探討，已經做了有力的回應；而上述儒學對今天的啟示或可以借鑒的幾點概括，也足以說明那種關於中國傳統哲學或文化對現代、對西方無所用的認識，是對中國歷史和文化知之甚少情境下的不實夢語，或是帶有嚴重民族主義傾向的不公魘語。當然，我們也必須承認，儘管東方智慧具有克服現代病的巨大潛能，但並不是什麼跨越時空、包治百弊的靈丹妙藥，它更不可能為我們提供現成的問題解決方案和操作手段。僅就儒學而言，其本身也並非盡善盡美，存在不少有待發展的內容。因此，在新的歷史條件下，儒學要有所作為，還有許多工作要做。其中的基本方面，就是按照中國學術「接著講」的傳統，挖掘其符合時代要求的核心內容，賦予其時代精神和特質，使之成為集古典價值理性和現代工具理性於一身的新儒學，促進人類「人與自然和諧發展」目標的實現！

---

61 參見佘正榮《中國生態倫理傳統的詮釋與重建》，人民出版社2002年版，頁150。

附錄
儒家生態意識特徵論略

　　儒家生態意識特徵論略前蘇聯學者基盧梭夫指出，生態意識是根據社會和自然的具體可能性，最優地解決社會和自然關係的觀點、理論和感性的總和。余謀昌曾據此從五個方面對生態意識的特點予以了概括。認為：第一，它是「全球村」的意識；第二，其主體是人和社會，客體為人和自然的關係；第三，它關注長期性的生態意義，更著重於未來；第四，其產生不受過去的理論結構的限制；第五，有鮮明的意識形式。這些無疑是對產生於二十世紀後半葉「作為人類思想的先進觀念」[1]的現代西方生態意識特點的歸納。

　　現代意義上的生態學說體系雖然肇始於西方，但從有關「生態意識」包括對社會與自然的「感性」認識的界定來看，中國歷史上的「生態意識」不僅濫觴較早，而且其內容亦相當贍備。只不過這些意識或思想尚多以片瑤碎玉的形式，散存於中國古代不同時期的諸子百家（如儒家、道家等）典籍中，沒有形成一定的（或現代意義上的）生態思想體系。然只要稍經耙梳、整理，構建起一座精美而壯觀的東方生態學理論的大廈並非艱難之事[2]。

1　參見余謀昌：〈生態意識及其主要特點〉，《生態學雜誌》1991年第4期（1991年）。

2　既有的相關研究成果，主要有張雲飛：〈淺析荀子的生態倫理意識傾向〉，《孔子研究》1990年第4期（1990年）；余謀昌：〈中國古代哲學的生態倫理價值〉，《中國哲學史》1996年第1-2期（1996年）；蒙培元：〈從孔、孟的德性說看儒家的生態觀〉，《新視野》2000年第1期（200年）、〈張載天人合一說的生態意義〉，《人文雜誌》2002年第5期（2002年）、〈孔子天人之學的生態意義〉》，《中國哲學史》2002年第2期（2002年）、〈關於中國哲學生態觀的幾個問題〉，《中國哲學史》2003年第4期

關於中國古代生態意識的特點，曾有學者從生態倫理的角度撰文認為，中國古代生態倫理「具有相當堅實的哲學基礎，就是人與天、地、萬物的一致性。……占主導地位的是天人協調、天人統一的思想」，並「以處於萌芽階段的生態學知識作為自己的科學前提」，進而「形成了一些生態道德準則」[3]。又有學者從「古典美學」的視角著眼，把「審美的層面」作為中國古代生態意識的「首要特徵」，認為「正是這一特徵為我們揭示中國古人生態意識在今天的理論意義和現實意義提供了重要線索」[4]。這兩種概括，筆者認為：前者是就包括儒、道、佛諸家在內的中國古代生態倫理思想整體來說的，後者則相對於後工業社會革命所宣導的「生態意識」而以道家為例比較而言的，它們均不可完全作為中國古代之「顯學」——儒學——的生態意識的特點。那麼，儒家生態意識究竟有何文化特質呢？

一 從發生學的視角看，儒家生態意識具有典型的農業文明特徵

社會存在決定社會意識。現代西方生態意識是伴隨著工業化的副

（2003年）；〔美〕杜維明：〈新儒家人文主義的生態轉向：對中國和世界的啟發〉，《中國哲學史》2002年第2期（2002年）；李瑞全：〈儒家環境倫理學之基本觀念：對伽理葛特之構想的一個批判響應〉，《鵝湖學誌》第25期（2000年12月）；白奚：〈仁愛觀念與生態倫理〉，《首都師範大學學報》2002年第1期（2002年）。另外，《中國哲學史》編輯部等曾於二〇〇二年八月在北京舉辦了「儒家與生態」的學術討論會，組織者根據會議討論錄音整理的材料和部分筆談，先後在「孔子2000」網站（http://www.confuchina.com/zhuanti/index.shengtai .htm）和《中國哲學史》二〇〇三年第一期上刊佈。

3 徐少錦：〈中國古代生態倫理思想的特點〉，《哲學動態》1996年第7期（1996年）。

4 樊美筠：〈中國古典美學中的「生態意識」〉，《哲學與文化》2001年第9期（2001年）。

產品──環境的惡化──而誕生的，是工業文明時代人類對人與自然關係反思的產物，它作為一種世界性的思潮形成於一九六〇年代以後；而儒家生態意識卻產生於中國古代並不存在像現代社會這樣嚴重環境問題的背景之下，因此有學者稱之為「超前意識」，具有「早熟」的特徵[5]。究探其因，筆者以為與中國古代的農業文明具有密切的關係。

中國是一個典型的農業社會，農業耕作是其主要的生產活動，農產品是歷史時期中國百姓穩定的生活資料來源。農業生態條件的優劣與農作物收成的豐歉，直接牽繫著社會的治亂和王朝的興衰，正所謂「不耕穫，未富也」（《周易無妄》）和「無農不穩」。為獲得可靠的生活資料，人們廣泛而又經常性地仰觀天文與俯察地理等大自然現象，長此以往，逐漸地產生了對自然界基本現象（如日月星辰、四時、山川水文土壤、鳥獸草木魚蟲等等）及其演變的規律，以及人類社會活動對自然界的影響及其後果的基本認識，有關如何保護農業生態環境、進而獲得較好的農業收成等生態意識也隨之應運而生。在這一農業社會的環境下誕生的儒家生態意識，也就必然烙有濃鬱的農業文明印記，如儒家關於「時」的論述就是農業文明典型的結晶。

在儒家生態意識中，「時」具有自然的和社會的雙重特徵。首先，「時」是一種存在於自然界的普遍自然現象。《荀子天論》：「天有其時，地有其財」。《論語陽貨》：「天何言哉？四時行焉，百物生焉」。自然界的運轉是有其「時」的，四時的運行、百物的生成是自然界發展、變化的外在表現；天之日、月的變化，形成了自然界的寒

---

5 參見李根蟠：〈先秦保護和合理利用自然資源的理論及其基礎──兼論傳統農學在現代化中的價值〉，收入葉顯恩等：《中國傳統社會經濟與現代化：從不同的角度探索中國傳統社會的底蘊及其與現代化的關係》（廣州市：廣東人民出版社，2001年）；李培超：《自然的倫理尊嚴》（市：江西人民出版社，2001年），頁258。

暑易節。《周易繫辭上》：「在天成象，在地成形，變化見矣」，「日月運行，一寒一暑」。天地、日月的運行是有一定規律的，四時的更替因此也就不會有什麼差謬，「天地以順動，故日月不過，而四時不忒」（《周易豫》）。

何謂「儒」？漢儒揚雄《法言君子》曾一言而蔽之：「通天、地、人曰儒，通天、地而不通人曰伎」；公孫弘也認為儒家的學問就是「明天人分際，通古今之義」（《史記儒林列傳》）。正因為如是，史家司馬遷把「究天人之際，通古今之變」作為自己「成一家之言」的著述宗旨。可見，觀乎天、察乎地、通乎人本是儒家職責應有的題義，「奉天而理物者，儒者之大業也」。而儒者只有「理於事而心有止」，才能「內不失成己，外不失成物」，進而「可以贊化育而與天地參也」（《鶡子知言》之〈漢文〉、〈天命〉）。所以，儒家生態意識中關於「時」的認識，正是源於重農價值取嚮背景下對自然的長期觀察，也就是儒家文獻中經常提到的「觀乎天文，以察時變」（《周易賁》）的必然結果。

「聖人治天下，使有粟菽如水火」（《孟子盡心上》），禹因重農而得有天下。《論語憲問》：「禹稷躬稼，而有天下」。為達到「寒暑和節，而五穀以時熟」，縱「歲雖凶敗水旱，使百姓無凍餒之患」（《荀子富國》）的目標，「聖君賢相」等無不竭力而為之。通過長時期的觀察，儒家認為「天者，高之極也；地者，下之極也」（《荀子禮論》），逐漸認識到「天」至為重要，「天垂象，見吉凶，聖人象之」（《周易繫辭上》），天「張日月，列星辰，序四時，調陰陽，布氣治性，次置五行，春生夏長，秋收冬藏，陽生雷電，陰成霜雪，養育群生，一茂一亡，潤之以風雨，曝之以日光，溫之以節氣，降之以殞霜」，是人類行為最高和終極的依據與目標；而「地封五嶽，畫四瀆，規洿澤，通水泉，樹物養類，苞植萬根，暴形養精，以立群生」；處於「天」、

「地」之間的人，則務必取法天地，「仰觀天文」以「知天」，「俯察地理」以「知地」（《新語道基》），「聖人察物，無所遺失，上及日月星辰，下至鳥獸草木昆蟲」（《新語明誡》）。深刻領悟到「時」的存在具有普遍性，「物其有矣，維其時矣」（《詩經魚麗》），「日中則昃，月盈則食，天地盈虛，與時消息，而況於人乎」（《周易豐》），也就是把從自然界觀察到的「時」之現象與人類社會聯繫起來，並應用於生態保護，使「時」具有了社會性的特徵。

儒家認識到時間具有一維性的自然特徵，「逝者如斯夫！不捨晝夜」（《論語子罕》），儒家因此十分重「時」，具體反映在生態保護主張方面，主要是「時禁」，即強調「以時禁發」。如《荀子王制》曰：「草木榮華滋碩之時，則斧斤不入山林，不夭其生，不絕其長也。黿鼉魚鱉鰍鱣孕別之時，網罟毒藥不入澤，不夭其生，不絕其長也。……汙池淵沼川澤，謹其時禁」。儒家（如《禮記月令》等記載）據其觀察的天、地、生自然現象，為我們編制了一幅詳細的自然界萬物發生時序圖，並根據自然界四時的更替，為人類社會嚴格地規定了順「時」的活動內容，要求人們以「時」而動，積極保護生態資源及其生境。指出，如果生態保護得當，則物用不匱，「博施、備物，可謂不匱矣」（《禮記祭義》）；否則將會發生災禍，如據《禮記月令》載，孟冬時節，地始凍，土地凍閉，應是休整期，如果違時使用土地，則會引起土地凍閉不密，地氣上泄，從而影響了土地的持續利用潛力，招致百姓流亡的災禍。正由於儒家把握了時間的一維性，並將之貫諸生態意識中，「時禁」因而成為其一個重要內容。因此，有學者認為中國「古代儒家所主張的生態倫理行為規範可以簡略地歸納為主要是一種『時禁』」[6]，把「以時禁發」作為傳統農業時代自然保

6　何懷宏：〈儒家論經濟與環保〉，收入何光滬等：《對話二：儒釋道與基督教》（上海市：社會科學文獻出版社，2001年）。

護思想的核心內容[7]。

　　然而，儒家不是禁欲主義者，他們已認識到生態資源所蘊藏的價值，提出了以「時」而禁的主張，使自然資源持續存在。但儒家決非僅止步於此，其保護的最終目的是使自然資源能得到合理的、永續的利用，強調的是資源的持續存在和永續利用並重，用現在的話語來說，就是實現可持續發展。如孔子自己不僅「洽聞強記，博物不窮」（《孔叢子嘉言》），而且要求其弟子也「多識於鳥獸草木之名」。《論語陽貨》載孔子語曰：「小子！何莫學夫《詩》？《詩》，可以興，可以觀，可以群，可以怨。邇之事父，遠之事君。多識於鳥獸草木之名」。孔子為何將「多識於鳥獸草木之名」置於道德教化同等的地位？邢昺疏曰：「多識於鳥獸草木之名者，言詩人多記鳥獸草木之名以為比，興則因又多識於此鳥獸草木之名也」。程頤也以為「『多識於鳥獸草木之名』，所以明理也」（《二程遺書伊川先生語十一》）；而蒙培元則認為，如此可以從中獲取知識，學習到人、物相處的道理，其中「包含著對生命的尊重」[8]，表明孔子注意到了人與鳥獸間的生態關聯。這是其中的兩個方面。但另一方面，朱熹《論語集注》卷九曰：「其緒餘又足以資多識」。清儒劉寶楠則進一步指出：「鳥獸草木，所以貴多識者，人飲食之宜，醫藥之備，必當識別，匪可妄施。故知其名，然後能知其形，知其性」（《論語正義陽貨》）。看來，無論是識名、比興，還是知形、知性，最終目的脫不了利用（飲食、醫藥）。實際上，這種出於利用目的的保護傾向在儒家諸多生態保護主張中可謂比比皆是：「斧斤以時入山林，林木不可勝用」（《孟子梁惠

7　參見張建民：〈論傳統農業時代的自然保護思想〉，《中國農史》1999年第1期（1999年）。

8　蒙培元：〈孔子天人之學的生態意義〉，《中國哲學史》2002年第2期（2002年）。

王上》）；「洿池淵沼川澤，謹其時禁，故魚鱉憂多，而百姓有餘用也。斬伐養長，不失其時，故山林不童，而百姓有餘材也」（《荀子王制》）。上古時設置以「養山林藪澤草木魚鱉百索，以時禁發」為職責的生態職官——虞衡——的終極目的，就是「使國家足用，而財物不屈」（《荀子王制》）。

總之，從產生背景看，現代西方生態意識是工業文明的產物，其誕生是在環境問題出現之後，其目的是喚起人們的環境意識，進而藉此挽救日益惡化的生態環境，具有事後補救的性質；而東方儒家生態意識則是農業文明的結晶，留有以「時」為典型標誌的農業時代的特徵，關心天、地、人，重視與民生息息相關的生態資源的保護。道家生態意識雖也誕生於同樣的社會環境，但其所關心的是虛無之「道」，「蔽於天而不知人」，使得其農業文明的痕跡遠沒有儒家生態意識那麼彰顯與突出。正因為這樣，清代學者王夫之在評價「入世」的儒學和「出世」之道學時說：「儒之弊在俗，道之弊在誕」；而當代大儒方東美則更為形象地稱「儒家是以『時際人』（Timeman）之身份而出現者（故尚『時』）；道家卻是典型的『太空人』（Spaceman）（故崇尚『虛』、『無』）」[9]。

二　民本主義與生態保護意識的統一

「儒家文明在政治層面上始終同封建主義的君權等級制度緊緊聯繫在一起」[10]。《荀子王制》曰君主與臣、民的上下關係是「與天地同理，與萬世同久」的，「君者民之統也」，「牧養萬民者也」（《潛夫

9　方東美：〈生生之德〉，《方東美集》（北京市：群言出版社，1993版），頁377。
10　劉文英：《儒家文明——傳統與傳統的超越》（天津市：南開大學出版社，1999年），頁59。

論》之〈本政〉、〈考績〉）；若「無君以制臣，無上以制下」，天下則會大亂（《荀子富國》）。然而，儒家又清醒地認識到，如任君權無限地惡性膨脹，將會導致全民災難性的惡果。因此，儒家一方面勸勉君主自覺地實行「王道」；另一方面又有意識地利用各種方法或手段來制約君權，災異「譴告」[11]和「民本」主張等即為其中之一二者。

所謂的民本主義，即以民為本，也就是儒家所主張的君主與國家對民眾的依賴關係。儒家以為：「民惟邦本，本固邦寧」（《尚書五子之歌》），「聞之於政也，民無不為本也。國以為本，君以為本，吏以為本」（《新書大政上》）。「國之所以為國者，以有民也」（《潛夫論愛日》），指出：「盈天地間只靠兩種人為命，曰農夫、織婦」（呂坤：《呻吟語話道》），將君、民關係比喻為「君者，舟也；庶人者，水也。水則載舟，水則覆舟」（《荀子》之〈王制〉、〈哀公〉），所以說「君以民存，亦以民亡」（《禮記緇衣》），並進而明確地提出了「民為貴，社稷次之，君為輕」（《孟子盡心下》）的主張。

張雲飛認為，儒家民本主義有三個基本含義，即要求君王要「愛民」、「利民」和「治民」[12]。那麼，儒家的民本主義及其生態意識又是如何統一的呢？筆者認為，我們可以從儒家生態意識中以民為本的目的和民本主義的生態保護意義兩大方面，來理解和分析這一問題。

儒家把山林川澤草木鳥獸等自然資源看作國家財富的一個重要組成部分，「夫山澤林鹽，國之寶也」（《太平御覽州郡部九》）；「山川、丘陵、草木、鳥獸，裕如也」（《法言五百》），裕如即豐足。儒家認為，充足的自然資源乃國家財富豐贍的象徵。從《荀子王制》對虞的

---

11 論關於這一問題，可參見陳業新：《災害與兩漢社會研究》（上海市：上海人民出版社，2004年），頁166-175。

12 張雲飛：《天人合一——儒學與生態環境》（成都市：四川人民出版社，1995年），頁125。

職責的界定來看，儒家主張保護生態資源，其中的目的之一，便是出於國家富足的考量：

> 修火憲，養山林藪澤，草木魚鱉百索，以時禁發，使國家足用，而財物不屈，虞師之事也。

同時，由於儒傢具有極強的民本意識，決定了其生態意識中脫不了民本的因素。如《荀子王制》曰：

> 草木榮華滋碩之時，則斧斤不入山林，不夭其生，不絕其長也。黿鼉魚鱉鰍鱣孕別之時，網罟毒藥不入澤，不夭其生，不絕其長也。春耕夏耘，秋收冬藏，四時不失時，故五穀不絕，而百姓有餘食也。洿池淵沼川澤，謹其時禁，故魚鱉憂多，而百姓有餘用也。斬伐養長，不失其時，故山林不童，而百姓有餘材也。

無論是山林資源的保護，還是魚鱉等水產資源的保護，所強調的受益者或關懷的終極對象無疑都是百姓，讓百姓「有餘食」、「有餘用」和「有餘材」。

儒家十分重視土地資源的保護，認為孟冬之月「水始冰，地始凍」，「天氣上騰，地氣下降，天地不通，閉塞而成冬」，強調如果不顧時節的變化而仍如春季那樣利用土地，勢必導致「凍閉不密，地氣上泄，民多流亡」的惡果；仲冬之月「凍益壯，地始坼」，要求「土事毋作」，否則「地氣沮泄，是謂發天地之房，諸蟄則死，民必疾疫，又隨以喪」。以為如果不順時而逆時地開發土地，百姓將遭受其殃，所以儒家一再呼籲冬季萬勿逆時而動，要切實保護好土地資源，

以利於民。然而儒家又認為:「地廣大,荒而不治,此亦士之辱也」,土地雖多,卻得不到合理地利用,以致荒蕪,而百姓卻又無田可耕,這樣固然有益於土地保護,但因於民無益,儒家也以之為恥而鄙視之:「地有餘而民不足,君子恥之」(《禮記》之〈月令〉、〈曲禮〉、〈雜記〉)。

儒家注意到「時」的一維性,稍縱即逝,因此,「重時」也是儒家生態意識中最重要的組成部分之一。由朱熹注《孟子梁惠王上》之「不違農時,……王道之始也」云「王道以得民心為本,故以此為王道之始」可知,「不違農時」是「重農」原則與民本理念的產物。在古代社會,農業生產對水、熱等自然條件有極強的依賴性,自然現象的周期性變化決定了農業生產具有一定的時序。「不違農時」就是按照農業生產既定的時序從事農業活動。儒家認為,農業是民之所依和國家財富積聚的源泉,「百姓時和,事業得敘者,貨之源也」(《荀子富國》)。「百姓足,君孰與不足?百姓不足,君孰與足?」(《論語顏淵》)為達到使百姓富足的目的,國家須「以四時為柄」(《禮記禮運》),做到「務其業而勿奪其時,所以富之也」(《荀子大略》)。「務其業」即重農,「勿奪其時」乃重時,即「春耕夏耘,秋收冬藏,四者不失時」,只有農、時一併重視,才能使百姓富足。《禮記樂記》:

> 天地之道,寒暑不時則疾,風雨不時則饑。教者,民之寒暑也,教不時則傷世;事者,民之風雨也,事不節則無功。

這裏,儒家把自然節律(寒暑、風雨等)之「時」擴及社會事象之域,要求對待「民之風雨」的農事要遵奉「依時」為原則,不違農時,要有所「節」,否然則「無功」,甚至會「傷世」。「罕舉力役,無

奪農時，如是……則上不失天時，下不失地利，中得人和，則百事不廢」(《荀子王霸》)。

同時，儒家以民為本的主張中，也蘊涵著豐富的生態意識。

首先，民本即以民為本，要愛民，是「仁」的表現，「仁者愛人」(《孟子離婁下》)，「質於愛民，以下至於鳥獸昆蟲莫不愛。不愛，奚足謂仁？」(《春秋繁露仁義法》)可見，以民為本是儒家主張生態保護的重要前提和基礎。

其次，施惠於民，既利於民，也是為政之始，「惠者，政之始也」(《大戴禮記子張問入官》)。何謂「惠」？《孟子滕文公上》：「分人以財謂之惠」；《論語堯曰》：「惠而不費」。統治者當然不會把自己的財產分施給百姓，那究竟怎樣才能既施惠於民而又「不費」且讓民受益呢？古代生產力水準相對低下，生產能力極其有限，抵禦和利用自然的能力不高，加之以自然災害頻仍，百姓常常必須把依山而採集、傍河而漁獵作為生活資料來源的補充，以維持生活，「山林藪澤是以備財用，則寶之」(《國語楚語下》)。山林川澤雖屬國有，則因是「備財用」，將之向民眾開放，成本不大，「因民之所利而利之，斯不亦惠而不費乎？」(《論語堯曰》)因此，儒家主張「山林澤梁，以時禁發而不稅」(《荀子王制》)。然而，向百姓弛山澤之禁，令其「放牛馬於源藪」，並不意味著可以胡作非為，而是「敷其五教，道之以禮樂」(《孔子家語致思》)，對百姓進行教育，以保護山林澤梁的生態環境：「夫山者狩，水者漁，皆捕於物也，善捕於物」。但是，如果山、水等生態環境遭到破壞，「使狩反於水，必能為漁焉？漁反於山，必能為狩焉？」(《續孟子樂正子》)

最後，「(使民)養生喪死無憾，王道之始也」是儒家民本主義的最終目標和理想境界。要實現和達到這一目標與境界，就要減輕百姓負擔，「薄稅斂」(《孟子梁惠王上》)，「輕田野之稅，平關市之

征，……罕興力役，無奪農時」（《荀子富國》），讓百姓「穀與魚鱉不可勝食，林木不可勝用」（《孟子梁惠王上》）。「百姓足，君孰與不足？」（《論語顏淵》）「民之為道也，有恆產者有恒心，無恆產者無恒心」（《孟子滕文公上》），如此而「使民養生喪死」有何憾？另一方面，「裕民則民富，民富則田肥以易，田肥以易則出實百倍」。百姓富足後，生產積極性提高，增加對土地的投入，加強農田管理，土地肥沃，農業產量提高，在客觀上起到了合理利用乃至保護土地資源的作用；假若百姓貧困，則情形完全相反：「民貧則田瘠以穢，田瘠以穢則出實不半」（《荀子富國》）。百姓貧窮，不僅百姓本人和國家受到損害，就是土地資源也會遭到破壞。可見，儒家的民本主義並不限於社會的層面上，追求人與自然的和諧也是其終極遠大目標之一，「親民者，達其天地萬物一體之用也。」（《王陽明全集大學問》）

三 在思維傾向上，儒家生態意識具有系統思維和類比推理的特徵

系統思維和類比推理是儒家成就其生態意識體系的兩種主要邏輯思維方法。關於儒家的系統思維，學界已多有探討[13]，茲不贅述。這裏著重探析儒家生態思維中所運用的類比推理方法。

類比推理的方法亦稱類比法，「它根據兩個對象在一系列屬性上是相同的，而且已知其中的一個對象還具有其它的屬性，由此推出另

---

13 如劉長林的：《中國系統思維》（北京市：中國社會科學出版社，1990年）。關於《周易》的系統思維研究，李根蟠的〈「天人合一」與「三才」理論——為什麼要討論中國經濟史上的「天人關係」〉，《中國經濟史研究》2000年第3期（2003年）關於儒家生態意識中的三維結構——「三才」（天、地、人）——思想的研究等等。

一個對象也具有同樣的其它屬性的結論」[14]。

　　儒家採用類比推理方法建構其生態學說體系的前提和基礎，是儒家對生態資源結構之「類」的認識。《周易繫辭上》云：「方以類聚，物以群分，吉凶生矣」。所謂的「方」，泛指世界上的萬事萬物[15]，是世界上存在的一切事物的總稱，從生態學的角度看，是生態系統內的生態因素的總稱。而「類」則為自然界種類相同的個體集聚在一起的情狀，也可理解為對自然界事物種類相同或相似個體的綜合。

　　儒家關於「類」的認識，對於其進一步把握世間斑駁陸離之萬物具有積極的意義。「天高地下，萬物散殊」（《禮記樂記》）、「萬物不齊」（《白虎通三正》），「夫物之不齊，物之情也」（《孟子滕文公上》）。儒家認識到紛雜的萬事萬物為人們認識世界帶來了一定的困難，但又認為只要「以類行雜，以一行萬」（《荀子王制》），整個世界還是不難把握的，亦即《周易繫辭上》所說的「引而伸之，觸類而長之，天下之能事畢矣」。張載亦稱：「動物本諸天，……植物本諸地」，「物無孤立之理，非同異、屈伸、終始以發明之，則雖物非物也」（《正蒙動物》）。王夫之注之曰：「凡物，非相類則相反」。從「萬物之成」看，事物彼此或同或異，「或屈而小，或伸而大，或始同而終異，或始異而終同」，但只要能夠做到「比類相觀，乃知此物所以成彼物之利」，「不然，物各自物，而非我所得用，非物矣」。儒家根據對事物的觀察與認識，對生態系統中的生態結構進行了簡單的劃分。如《周禮》一書中不僅記載有眾多的動植物種類，而且還出現了中國歷史上最早且沿襲至今的「動物」、「植物」的名稱[16]，並進一步

14 《普通邏輯》編寫組：《普通邏輯（修訂本）》（上海市：上海人民出版社，1979年），頁228。

15 張雲飛：《天人合一——儒家與生態環境》（成都市：四川人民出版社，1995年），頁24-25。

16 陳德懋：《中國植物分類學史》（武漢市：華中師範大學出版社，1993年），頁22-23。

創造性地運用「土會之法」和「土宜之法」，分別把動、植物分為毛物、鱗物、羽物、介物和裸物，以及阜物、膏物、覈物、莢物和叢物等五類（《周禮大司徒》）。其中的植物類各自為今之山毛櫸科、水生睡蓮科蓮芡類、薔薇科、豆科或十字花科、禾本科植物等[17]。雖然這種劃分方法仍十分簡單、粗疏，但因其建立在對動、植物「類」的認識基礎之上，其積極意義還是應予充分肯定的。

以「類」為基礎，儒家認識到事物「同類相動」的特徵：「倡和有應，回邪曲直各歸其分，而萬物之理各以類相動也」（《禮記樂記》），由此決定了事物的「類聚」與「群分」。「物類之起，必有所始。……草木疇生，禽獸群焉，物各從其類也」（《荀子勸學》），認為「麒麟之於走獸，鳳凰之於飛鳥，泰山之於丘垤，河海之於行潦，類也。聖人於之民，亦類也」（《孟子公孫丑上》）。「相動」的基礎或媒介是「聲」或「氣」：「同聲相應，同氣相求。……本乎天者親上，本乎地者親下，則各從其類也」（《周易乾》）；「氣同則從，聲比則應」（《漢書公孫弘傳》）；「同聲相應，同氣相求」（《白虎通禮樂》）。

萬物中以氣、聲相動、相應的例子，在儒家諸多典籍中可以找到很多。如「鶴鳴在陰，其子和之」之文，分別在《周易》之〈中孚〉和〈繫辭上〉中均曾出現。王弼注〈繫辭上〉文云：「以同相順，以類相應，動之斯來，緩之斯至，鶴鳴於陰，氣同則和」。孔穎達疏曰：「引鳴鶴在陰，取同類相應……鳴鶴在幽陰之處，雖在幽陰而鳴，其子則在遠而和之，以其同類相感召故也」。《春秋繁露同類相動》也曾就「同類相動」而舉例說：「今平地注水，去燥就濕，均薪施火，去濕就燥。百物去其所與異，而從其所與同，故氣同則會，聲比則應，其驗皦然也。……類之相應而起也」。這裏的「聲」，即為生

---

17 陳德懋：《中國植物分類學史》（武漢市：華中師範大學出版社，1993年），頁44。

物同類發出的聲音。宋儒胡宏說:「耳之所可聞者,禽獸皆能聽也。……聽而知其聲,各以其類者,亦禽獸之所能也」(《鬍子知言往來》)。而「氣」則為陰陽之氣。在董仲舒的「天人」體系中,各環節都充滿著陰陽、五行之氣:「天地之間,有陰陽之氣」,「天地之氣,合而為一,分為陰陽,判為四時,列為五行」;「陰陽之氣,在上天,亦在人」。「天有陰陽,人亦有陰陽。天地之陰氣起,而人之陰氣應之而起,人之陰氣起,而天地之陰氣亦宜應之而起,其道一也」(《春秋繁露》之〈天地陰陽〉、〈五行相生〉、〈如天之為〉、〈同類相動〉)。陰陽之氣充盈於天地之間,作為萬物之一分子的動、植物當然也概莫能外。有氣、聲之應求的生物彼此間至「親」的關係,引起了通天知地的儒者之注意:「凡生乎天地之間者,有血氣之屬莫不有知,有知之屬莫不愛其類。今夫大鳥獸,則失亡其群匹,越月逾時,則必反鉛;過故鄉,則必徘徊焉,鳴號焉,躑躅焉,然後能去之也。小者是燕爵,猶有啁噍之頃焉,然後能去之也」(《荀子禮論》)。鑒於此,儒家如孔子者疾呼「君子諱傷其類」:「丘聞之也,刳胎殺夭則麒麟不至郊,竭澤涸漁則蛟龍不合陰陽,覆巢毀卵則鳳凰不翔。何則?君子諱傷其類也。夫鳥獸之於不義也尚知辟之,而況乎丘哉!」(《史記孔子世家》)「己所不欲,勿施於人」。要人類以「仁人」之心對待動物,以度人之心度萬物。上述認識不僅僅源於實踐觀察,而且也是思維推理的結果。海外漢學家狄百瑞就曾指出:「傳統的中國文化和儒家文化是關於棲息於土地上的人群的,他們在土地上繁衍、生息,並滋養著這片土地。正是在這個自然的、有機的過程中,儒家的自我修養產生出了它的所有類比和隱喻」[18]。

18 Wm. Theodore de Bary, Edited by Mary Evelyn Tucker and John Berthrong: " 'Think Globally, Act Locally,' and the ContestedGround Between" (Confucianism and Ecology: The Interrelation of Heaven, Earth, and Humans, Harvard University Press, 1998.)

「古之學者，比物醜類」(《禮記學記》)，而「類不能自行」(《荀子君道》)，即「類」不是單獨孤立存在的。「凡同類者，舉相似也」(《孟子告子上》)，所以在思考問題時要「以類度類」，即採用類比的方法進行邏輯推理，如邵雍就十分強調認識萬物就是「以物觀物」：

> 聖人之所以能一萬物之情者，謂其能反觀也。所以謂之反觀者，不以我觀物也。不以我觀物者，以物觀物之謂也。既能以物觀物，又安有（我）於其間哉！是知我亦人也，人亦我也，我與人皆物也。(《皇極經世書觀物內篇十二》)

以同類中的某一事物去觀察、理解事物，甚至設身處地地體諒他物，為之著想，像對待自己的同類——人類——那樣去善待萬物，於是「同類相動」的原則將人與動物等生物聯繫起來，把儒家「己所不欲，勿施於人」、「己欲立而立人，己欲達而達人」的一貫主張推廣、應用到一切生物，發展性地繼承了儒家思想之精髓。正因為此，當代西方環保學者萬達生在其搜集、彙編世界各地著名學者有關環境保護言論而成的《擴展的生命圈》一書中，就曾將孔子之「己所不欲，勿施於人」視為環保名言而加以收存[19]。

這樣，以生物同類之「聲」及陰陽之「氣」為媒介，以「同類相動」為原則，儒家採用「以類度類」的推理方法，建立了自己的生態保護學說，提出不僅要保護生態資源本身，而且還要保護其生於斯、長於斯的生境，「川淵者魚鱉之居也，山林者鳥獸之居也」，「川淵深而魚鱉歸之，山林茂而禽獸歸之」(《荀子致仕》)，「樹成蔭而眾鳥息

---

19 參見馮滬祥：《人、自然與文化——中西環保哲學比較研究》(北京市：人民文學出版社，1996年)，頁140。

焉」(《荀子勸學》),「川淵枯則魚龍去之,山林險則鳥獸去之」(《荀子致仕》)。從此角度理解,「方以類聚,物以群分,吉凶生矣」之語的深刻意義就不言而喻了,正所謂「順其類者謂之福,逆其類者謂之禍」(《荀子天論》)。

儒家這種類比推理的思維方法,又被有的學者稱為「旁通統貫」之理。所謂「旁通」,最先見於《周易乾》:「六爻發揮,旁通情也」。唐李鼎祚《周易集解》卷一引陸績文曰:「乾六爻發揮變動,旁通於坤,坤同入乾,以成六十四卦,故曰旁通情也」。「扼要來說,儒家以同情交感看待萬物,也就是一種『旁通統貫』的道理。『旁通』在英文裏面叫做『extensiveconnection』,也就是說人們只要能大其心,把心靈拓展出去,充分同情體貼萬物,就可以感受到,不但人人彼此相通,連物物也都是彼此相關」[20]。用這種思維方法進行推理,不僅具有認識論上的價值,而且對於當前環境保護實踐也具有極大的指導意義。有學者曾就此而指出:

> 泛愛眾生是人的一種同情心理,是人將自愛意識向外延伸,以至推到愛護眾物。這種由類推產生的同情心理,常常以潛意識的形式存在於人們的心中,儒家將它們闡揚出來,並作為自己的旗幟,這是人類征服自然取得重大勝利後在情感意念上的一種積極表現,歸根到底反映了人的自覺水準的提高[21]。

儒家用類比推理的手段來建構其生態理論體系的方法,與現代西方生態倫理學者架構其生態倫理學大廈的手段具有相當的一致性。現

---

20 馮滬祥:《人、自然與文化——中西環保哲學比較研究》(北京市:人民文學出版社,1996年),頁132。

21 劉長林:《中國系統思維》(北京市:中國社會科學出版社,1990年),頁228。

代西方生態倫理學家在從事生態倫理學相關問題研究時，採用的基本
方法主要有隱喻、調查清單和數理邏輯分析等，類比是其中之一重要
的方法。借助於該方法，羅爾斯通、特賴伯等分別確立了其生態倫理
學的基本思想，並向世人表明自然界有其合理的權利，消除了人與自
然間的倫理界限；而美國學者哈丁之著名的「公共地資源的災難」學
說也就是直接通過運用類比的方法而建立的[22]。這表明運用類比推理
的思維方法而建立起來的儒家生態思想，不僅具有一定的科學性與合
理性，而且還具有超時代的特徵和意義。

四　對生態的倫理關懷

用於規範社會政治秩序的儒家倫理道德，不單關注人事，而且亦
關注於自然，把萬物生態納入倫理的範疇，使自然與人倫相互混融，
並用來規範人們對生態的行為，進而協調人、社會與自然的關係。指
出：「樹木以時伐焉，禽獸以時殺焉」，若「斷一樹，殺一獸，不以其
時」，即「非孝也」（《禮記祭義》）；「殺大蚤，……非禮也」（《荀子大
略》）。《穀梁傳》亦云：「夏田（即田獵）於義為短」（《禮記王制》孔
穎達疏引），要人們「食之以時，用之以禮」（《孟子盡心上》），認為
只有遵循自然規律，以時取予，才符合道德的要求，「開蟄不殺，則
當天道也；方長不折，則恕也，恕當仁也」（《大戴禮記衛將軍文
子》）。

在儒家看來，保護生態資源是倫理道德的內在要求。從起源而
論，倫理道德與自然生態有著割捨不棄的聯繫。「禮有三本：天地

---

22 分別參見張雲飛：〈生態倫理學初探〉，《內蒙古社會科學》1986年第4期（1986
　　年）；葉平：〈人與自然：西方生態倫理學研究概述〉，《自然辯證法研究》1991年第
　　11期（1991年）。

者，生之本也。……無天地惡生？」(《荀子禮論》)「禮也者，合於天
時」;「凡禮之大體，體天地，法四時，則陰陽，順人情，故謂之禮。
訾之者，是不知禮之所由生也。」(《禮記》之〈禮器〉、〈喪服四
制〉)也就是說，禮的出現，是人類以天地為體、取法四時、以陰陽
為準則和順乎人情的產物，沒有天地、四時、陰陽、人情的模本及對
之的效法與模仿，禮是不會誕生的。又據《禮記》，最早的禮儀是從
人們的飲食活動中產生的。《禮記禮運》曰：「夫禮之初，始諸飲食。
其燔黍捭豚，污尊而抔飲，蕢桴而土鼓，猶若可以致其敬於鬼神」。
而這種源於飲食之禮又恰恰是中國先民順應自然生態的文化創造的產
物[23]。「樂者，天地之和也。禮者，天地之序也。……樂由天作，禮以
地制。……明於天地，然後能興禮樂也。」(《禮記樂記》)

　　儒家又認為，人的道德仁義之心是天賦和與生俱來的，「人之
初，性本善」,「惻隱之心，人皆有之；羞惡之心，人皆有之；恭敬之
心，人皆有之；是非之心，人皆有之。惻隱之心，仁也；羞惡之心，
義也；恭敬之心，禮也；是非之心，智也。仁義禮智，非由外鑠我
也，我固有之也，弗思耳已」(《孟子告子上》)。到了宋代，儒家在詮
釋《周易乾》所載「元者，善之長也；亨者，嘉之會也；利者，義之
和也；貞者，事之乾也。……君子行此四德者，故曰『乾：元亨利
貞』」之語時，程頤斷言天、人同道，天道的內容是元亨利貞，亦即
生、長、遂、成：「元亨利貞，謂之四德。元者，萬物之始。亨者，
萬物之長。利者，萬物之遂。貞者，萬物之成」。表現在人上就是
仁、禮、義、智(《伊川易傳乾》)。後來朱熹發揮了這種觀點，將植
物生長的自然規律與人生道德原則互相聯繫起來[24]，以為元是「生物

---

23 姚偉鈞：《禮──傳統道德核心談》(南寧市：廣西人民出版社，1997年)，頁2。

24 張岱年：〈中國哲學中關於「人」與「自然」的學說〉，收入北京大學哲學系：《人
　　與自然》(北京市：北京大學出版社，1989年)，頁28。

之始」、「萬物生理皆始於此」、「於時為春，於人則為仁」；亨是「萬物之通」，為萬物發育茂盛，「於時為夏，於人則為禮」；利是開花結果，為「萬物之遂，……故於時為秋，於人則為義」；貞為「萬物之成」，是果實成熟，「於時為冬，於人則為智」（《周易本義》卷1）。而朱震則云：「萬物分天地也，男女分萬物也，察乎此則天地與我並生，萬物與我同體。是故聖人親其親而長其長，而平天下。伐一草木，殺一禽獸，非其時，謂之不孝」（《漢上周易說卦》）。萬物與我一體，所以對待萬物就像對待自己的親長一樣，符合倫理道德的要求，否則就是「不孝」。馮天瑜曾因此而指出，以儒家為主流的中華文化「由於人倫效法自然，自然又被人倫化，形成天人合一、主客混融的局面」[25]。

仁是儒家最高的道德準則，「仁，人心也」、「仁者愛人」，且「仁者無敵」。「仁者愛人」，首先要愛惜自己，其次為父母兄弟，再次為溥天之下的人。但儒家的「仁」愛並不僅限於此，它還有一個基本的愛，即愛物，也就是孟子所講的「君子之於物也，愛之而弗仁；於民也，仁之而弗親。親親而仁民，仁民而愛物」；「君子之於禽獸也，見其生，不忍見其死；聞其聲，不忍食其肉」，「是乃仁術也」（《孟子》之〈告子上〉、〈離婁下〉、〈梁惠王上〉、〈盡心上〉）。「不忍」之心成了儒家對待萬物的生態倫理學「仁」的最基本原則和要求，把倫理道德範疇的「仁」從「推己及人」發展到「推己及物」，把愛萬物看作「仁」的內在要求和表現，從而使儒學之「仁」有了生態倫理道德的意義。荀子也認為君子應當「無不愛也，無不敬也，無與人爭也，恢然如天地之苞萬物」（《荀子非十二子》）；董仲舒之「質於愛民，以下至鳥獸昆蟲莫不愛。不愛，奚足以謂仁」（《春秋繁露仁義法》）則明

---

25 馮天瑜：《中國文化斷想》（武漢市：華中理工大學出版社，1998年），頁47。

確地把對自然萬物的道德關懷視為人的道德「仁」的表現；宋儒又在
自覺的哲學本體論的基礎上，將「愛物」直接作為「仁」的內在規
定。程灝提出了「仁者，以天地萬物為一體」（《二程遺書二先生語二
上》）的生態道德的定義。王陽明在《大學問》裏所講的「天地萬物
一體」之「仁」，詳盡地闡發了泛愛萬物的思想：

> 大人者，以天地萬物為一體者也，其視天下猶一家，中國猶一
> 人焉。……大人之能以天地萬物為一體也，非意之也，其心之
> 仁本若是，其與天地萬物而為一也。（《王陽明全集大學問》）

認為與天地萬物同情共感的能力，是人之為人的根本特徵，儒家
不僅要關愛人類，還要愛及鳥獸、草木、瓦石，凡天地萬物皆要盡心
愛護，不使其遭受破壞，以為這是一個道德問題，把「仁」作為貫穿
於萬物與人之間的媒質，求得天、地、人（人類社會與自然）的協
調，從而達到對生態道德的邏輯的自覺，「天地萬物一也」，人、物一
也，愛人、愛物一也，社會道德與生態道德一也，儒家的「仁」學由
此也成為了一種生態倫理學[26]。

在儒家天人之學中，雖然儒家亦強調人類能夠而且必須利用、役
使天地萬物，甚至提出了所謂的「人定勝天」的主張，但由於儒家將
社會倫理道德糅進其生態意識中，因此，在儒家那裏，我們看不到現
代西方文明中的那種人類對自然界表現出來的傲慢、甚至敵視的態
度，相反，表現的是儒家以充滿人情味的言語，向世人傳達了對自然
的尊重、保護之情，中、西方生態文化如此的差異，頗令我們深思。

---

26 張雲飛：〈中國儒、道哲學的生態倫理學闡述〉，收入徐嵩齡：《環境倫理學進展：
　評論與闡釋》（上海市：社會科學文獻出版社，1999年）。

五 在生態資源的保護手段上，儒家既強調教化的功能，又注重法律的作用

涉及如何保護生態資源時，儒家十分重視生態倫理道德的社會教化功用，「不教而殺謂之虐」（《論語堯曰》）、「不教而誅，則刑繁而邪不勝」（《荀子富國》）。據傳黃帝時期就曾教導百姓要按「時播百穀草木，淳化鳥獸蟲蛾，旁羅日月星辰水波土石金玉，勞勤心力耳目，節用水火材物」（《史記五帝本紀》）。要求依時植樹造林，種植五穀蔬食，適時採獵，保護野生動植物資源；另一方面，儒家又不排除用法律的手段來約制人們的行為，「刑仁講讓，示民有常」（《禮記禮運》）。因此，重視用教化的功能與法律的手段來保護生態，就構成了儒家生態意識的又一特色。

首先，儒家重視對「聖王」行為的生態作用的評價，並以此作為社會價值取捨的導向。「舜之為君也，其政好生而惡殺，其任授賢而替不肖，德若天地而靜虛，化若四時而變物也。是以四海承風，暢於異類，鳳翔麟至，鳥獸馴德。無他也，好生故也。」（《孔子家語好生》）這是從正面頌揚舜的行為。但舜也有破壞生態的不良舉措，《孟子滕文公上》：「當堯之時，……草木暢茂，禽獸繁殖。……舜使益掌火，益烈山澤而焚之，禽獸逃匿」。因此，《左傳》昭公五年（前537年）記載說：「火焚山，山敗」。

其次，儒家又以「利」導之於民，說明保護生態是獲取豐厚的財富回報不可或缺的條件。儒家認為，要獲得更多的財富，必須要像對待萬物之靈的「人」一樣待之於一切生物：「君者，善群也。君道當，則萬物皆得其宜，六畜皆得其長，群生皆得其命。故養長時則六畜育，殺生時則草木殖」。認為只有包括愛護生態資源在內的「君道當」，才能「相食養者，不可勝數」（《荀子》之〈王制〉、〈富國〉）。

在農業文明時代，限於生產力的發展水準，加之以自然災害的掣肘作用，儒家對社會的發展始終存有憂患之心，即為《孟子》所載的「生於憂患，死於安樂」。但儒家又認為，只要以「仁」等道德倫理觀念約束人們的不當行為，做到「草木榮華滋碩之時，則斧斤不入山林，不夭其生，不絕其長也；黿鼉魚鱉鰌鱣孕別之時，網罟毒藥不入澤，不夭其生，不絕其長」，人與自然共生同存，協調發展，使人欲和物產「兩者相持而長」，那麼，將來的財貨一定會「暴暴如丘山，不時焚燒，無所臧之」（《荀子》之〈禮論〉、〈富國〉）。

再次，儒家十分注意用倫理道德的教育手段來保護生態資源。儒家倫理道德範疇，如孝、禮、義等等，都含有十分豐富的生態倫理內容，起著對人們進行生態保護的宣傳教育作用。如儒家認為，孝有大、中、小三種表現形式，「小孝用力，中孝用勞，大孝不匱」。何謂不匱？「博施、備物，可謂不匱矣」。也就是說，要向包括各種生態資源在內的萬物普施惠舉，使之皆備，做到諸如「林木不可勝用」、「百姓有餘材」，這就是不匱；而亂殺、亂伐等不當之舉，勢必導致資源匱竭，自然就是不「孝」：「斷一樹，殺一獸，不以其時，非孝也」（《禮記祭義》）。其它如禮之「理萬物者也」（《禮記》之〈祭義〉、〈禮器〉）、義之「所以限禁人之為惡與奸者也」和「內節於人而外節於萬物者也」（《荀子強國》），以及「春作夏長，仁也。秋斂冬藏，義也」（《禮記樂記》）等等，無不在實踐中很好地起著對人們進行生態資源保護的教化作用。

復次，儒家主張用刑罰作為教化的補充，以強硬的手段限制人們的不當生態行為。儒家注意到，一方面，人有飲食等基本生存之需，「人之所以為人者，何已也？曰：以其有辨也。饑而欲食，寒而欲暖，勞而欲息，好利而惡害，是人之所生而有也，……是禹桀之所同也」（《荀子非相》）；另一方面，人又有仁義之心，這就是儒家所講的

「仁義禮智」之心。《大學問》曰：

> 是故見孺子之入井，而必有怵惕惻隱之心焉，是其仁之與孺子
> 而為一體也；孺子猶同類者也，見鳥獸之哀鳴觳觫，而必有不
> 忍之心焉，是其仁之與鳥獸而為一體也；鳥獸猶有知覺者也，
> 見草木之摧折而必有憐憫之心焉，是其仁之與草木而為一體
> 也；草木猶有生意者也，見瓦石之毀壞而必有顧惜之心焉，是
> 其仁之與瓦石而為一體也。（《王陽明全集大學問》）

但人「體不得利不能安」（《春秋繁露身之養重於義》），在利益的驅動
之下，有人常將仁義道德忘卻，不顧一切地追求物質利益，「及其動
於欲，蔽於私，而利害相攻，忿怒相激，則將戕物圯類，無所不為，
其甚至有骨肉相殘者，而一體之仁亡矣」（《王陽明全集大學問》）。因
此，需要有比禮儀道德更強硬的手段來規範人們的日常行為，這種手
段就是法律。否則，「教而不誅，則奸民不懲」；只有「起法正以治
之，重刑罰以禁之」，才會「使天下皆出於治、合於善也」（《荀子》
之〈富國〉、〈性惡〉）。如在保護山川澤淵時，儒家主張在生態職
官——虞——的指導下，「以時禁發」，違者處以刑罰：「山林藪澤，
有能取蔬食，田獵禽獸者，野虞教道之。其有相侵奪者，罪之不赦」
（《禮記月令》）。尤其是對破壞後果極其嚴重的亂墾濫伐行為，愈益
要繩之以嚴法：「善戰者服上刑，連諸侯次之，闢草萊、任土地次之」
（《孟子離婁上》）。闢草萊、任土地是指闢田墾種的使用土地行為，
古時處「善戰」、連諸侯者以死刑，而《孟子》主張將任意伐木墾草
闢殖的土地利用之舉處以僅次於前二者的刑罰，足見其以法律保護生
態資源的態度是多麼的嚴肅和堅決。《伐崇令》中也留有此一方面的
記載：「毋壞屋，毋填井，毋伐樹木，毋動六畜。有不如令，死無

赦」。這與《孟子》的主張如出一轍。在儒家這一思想的影響下，中國歷史上甚至出現了保護生態資源的專門法律[27]。

　　最後，在禮與法的具體權衡方面，禮具有「絕惡於未萌」的超前性，起到法律所無法起到的預防作用，「禮者禁於將然之前，而法者禁於已然之後」。因此，在「貴絕惡於未萌，而起敬於微眇」（《大戴禮記禮察》）觀念的支配下，在禮、法之間，儒家更注重禮的事前社會教化功能，「道之以政，齊之以刑，民免而無恥；道之以德，齊之以禮，有恥且格」（《論語為政》）。

六　簡要結語

　　儒家學說是關於人與人、人與社會的倫理學說，但中國特定的地理環境和農業文明的社會經濟形態，決定了儒家在關注人與社會和諧的同時，必然也要對自然，以及人與自然的關係予以相當的關注，儒家生態意識由此而產生。當然，我們必須承認，儒家關於人與自然關係的認識，關於動植物等生態資源的保護主張等，由於當時種種主客觀條件的限制，其認識仍以直觀的感性認識為主，屬於生態意識的範疇，而不是嚴密的、體系完備及成熟的生態思想或生態理論。而且，其中如「人與自然」關係的認識，也遠未達到今天所講的「人與自然和諧」的認識水準。不過，即使從生態意識的層面來看，儒家生態意識也是粲然可觀的，其內容也是極其豐富的。我們認為，儒家生態意識的產生，既有「天人合一」論的哲學基礎，也有對自然事物初步感性認識的生態基礎，以此二者為前提，儒家採用類比等思維方法，把

---

27 參見張梓太：〈中國古代立法中的環境意識淺析〉，《南京大學學報》1998年第4期（1998年）、梁清華：〈《周易》的天人合一哲學及其對中國封建法的影響，《周易研究》2001年第2期（2001年）。

適用於人與人、人與社會之間的諸如仁、義、禮、智、信等倫理道德
擴至自然界和自然萬物，提出了相應的合理利用和保護森林、動物、
土地、水等生態資源的思想，並主張以禮、法等手段相約束，成就了
當時能夠成就的儒家生態意識或生態學說基本架構，並在中國古代的
環境保護實踐中發揮著積極的作用。

主要參考文獻

基本古籍

白居易：《白孔六帖》，文淵閣四庫全書影印本。

班固撰、陳立疏證：《白虎通疏證》，中華書局1994年。

班固：《漢書》，中華書局1962年點校本。

常璩撰、劉琳校注：《華陽國志校注》，巴蜀書社1984年。

陳傅良：《歷代兵制》（《中國兵書集成》第7冊），解放軍出版社、遼瀋出版社1992年。

陳夢雷：《周易淺述》（四庫全書選輯影印本），上海古籍出版社1983年。

陳壽：《三國志》，中華書局1982年點校本。

陳祥道：《禮書》，文淵閣四庫全書影印本。

陳暘：《樂書》，文淵閣四庫全書影印本。

陳應潤：《周易爻變易縕》，文淵閣四庫全書影印本。

陳直校證：《三輔黃圖校證》，陝西人民出版社1980年。

程大昌：《演繁露》，文淵閣四庫全書影印本。

程大昌：《雍錄》，中華書局2005年。

程樹德：《九朝律考》，中華書局1963年。

程頤：《伊川易傳》，上海古籍出版社1989年。

程頤等：《二程文集》，中華書局1985年。

程頤等：《二程遺書》，上海古籍出版社2000年。

崔寔撰、石漢聲校注：《四月民令校注》，中華書局1965年。

戴德：《大戴禮記》，文淵閣四庫全書影印本。

戴震：《孟子字義疏證》，中華書局1961年。

戴震：《原善》，古籍出版社1956年。

董楷：《周易傳義附錄》，文淵閣四庫全書影印本。

董仲舒撰、蘇輿義證：《春秋繁露義證》，中華書局1992年。

鄧球柏：《帛書周易校釋》（增訂本），湖南出版社1996年。

杜佑：《通典》，中華書局1988年。

杜預注、孔穎達等正義：《春秋左傳正義》（十三經注疏本），浙江古
　　　籍出版社1998年影印本。

段玉裁：《說文解字注》，江蘇古籍出版社2006年。

范甯注、楊士勳疏：《春秋穀梁傳注疏》（十三經注疏本），浙江古籍
　　　出版社1998年影印本。

范曄：《後漢書》，中華書局1965年點校本。

氾勝之撰、萬國鼎輯釋：《氾勝之書輯釋》，中華書局1957年。

方苞：《周官集注》，文淵閣四庫全書影印本。

方以智：《物理小識》，商務印書館1937年。

房玄齡等：《晉書》，中華書局1974年點校本。

馮復京：《六家詩名物疏》，文淵閣四庫全書影印本。

馮時可：《左氏釋》，文淵閣四庫全書影印本。

馮椅：《厚齋易學》，文淵閣四庫全書影印本。

傅嘉儀：《秦封泥匯考》，上海書店出版社2007年。

甘肅省文物考古研究所：《居延新簡釋粹》，蘭州大學出版社1988年。

甘肅省文物考古研究所等：《居延新簡》，文物出版社1990年。

顧炎武：《天下郡國利病書》，四部叢刊影印本。

管仲撰、黎翔鳳校注：《管子校注》，中華書局2004年。

郭璞注、邢昺疏：《爾雅注疏》（十三經注疏本），浙江古籍出版社
　　　1998年影印本。

韓非撰、王先慎集解：《韓非子集解》，中華書局1998年。

韓嬰撰、周廷寀校注：《韓詩外傳》（附補逸校注拾遺），中華書局
　　　1985年。

何焯：《義門讀書記》，中華書局1987年。

何楷：《周易訂詁》，文淵閣四庫全書影印本。

何休注、徐彥疏：《春秋公羊傳注疏》（十三經注疏本），浙江古籍出
　　　版社1998年影印本。

何晏等注、邢昺疏：《論語注疏》（十三經注疏本），浙江古籍出版社
　　　1998年影印本。

賀長齡：《皇朝經世文編》，（臺灣）文海出版社1966年。

洪適：《隸釋》，中華書局1985年。

洪適：《隸續》，中華書局1985年。

胡炳文：《周易本義通釋》，文淵閣四庫全書影印本。

胡廣等：《周易傳義大全》，文淵閣四庫全書影印本。

胡宏：《鬍子知言》（「百子全書」本），浙江古籍出版社1998年影印
　　　本。

胡平生等：《敦煌懸泉漢簡釋粹》，上海古籍出版社2001年。

胡一桂：《周易啟蒙翼傳》，文淵閣四庫全書影印本。

胡瑗：《周易口義》，文淵閣四庫全書影印本。

桓寬撰、王利器校注：《鹽鐵論校注》（定本），中華書局1992年。

黃懷信等：《逸周書匯校集注》，上海古籍出版社1995年。

黃訓：《名臣經濟錄》，文淵閣四庫全書影印本。

黃仲炎：《春秋通說》，文淵閣四庫全書影印本。

黃宗羲：《明儒學案》，中華書局1985年。

黃宗炎：《周易象辭》，文淵閣四庫全書影印本。

惠士奇：《易說》，文淵閣四庫全書影印本。

賈思勰撰、繆啓愉校釋：《齊民要術校釋》，農業出版社1982年。

賈誼：《新書》，上海古籍出版社1989年影印本。

孔安國傳、孔穎達等正義：《尚書正義》（十三經注疏本），浙江古籍
　　　　出版社1998年影印本。

孔鮒：《孔叢子》（「百子全書」本），浙江古籍出版社1998年影印本。

來可泓：《大學直解中庸直解》，復旦大學出版社1998年。

來可泓：《國語直解》，復旦大學出版社2000年。

來知德：《易經集注》，上海書店1988年影印本。

李超孫：《詩氏族考》，中華書局1985年。

李鼎祚：《周易集解》，上海古籍出版社1989年影印本。

李昉等：《太平御覽》，中華書局1985年影印本。

李塨：《論語傳注問》，文淵閣四庫全書影印本。

李光：《讀易詳說》，文淵閣四庫全書影印本。

李隆基注、邢昺疏：《孝經注疏》（十三經注疏本），浙江古籍出版社
　　　　1998年影印本。

李明復：《春秋集義》，文淵閣四庫全書影印本。

李樗等：《毛詩集解》，文淵閣四庫全書影印本。

酈道元注、陳橋驛校證：《水經注校證》，中華書局2007年。

連雲港市博物館等：《尹灣漢墓簡牘》，中華書局1997年。

梁益：《詩傳旁通》，文淵閣四庫全書影印本。

列禦寇：《列子》，上海古籍出版社1989年。

林海村：《沙海古卷：中國所出佉盧文書（初集）》，文物出版社1988
　　　　年。

林栗：《周易經傳集解》，文淵閣四庫全書影印本。

林慎思:《續孟子》(「百子全書」本),浙江古籍出版社1998年影印本。

令狐德棻等:《周書》,中華書局1971年點校本。

劉安撰、劉文典集解:《淮南鴻烈集解》,中華書局1989年。

劉寶楠:《論語正義》,中華書局1990年。

劉向:《戰國策》,上海古籍出版社1985年。

劉向撰、石光瑛校釋:《新序校釋》,中華書局2001年。

劉向撰、向宗魯校證:《說苑校證》,中華書局1987年。

劉勰撰、范文瀾注:《文心雕龍注》,人民文學出版社1962年。

劉昫等:《舊唐書》,中華書局1975年點校本。

劉恂:《嶺表錄異》,商務印書館1936年。

劉禹錫:《劉禹錫集》,上海人民出版社1975年。

柳宗元:《柳河東集》,中華書局1960年。

陸德明:《經典釋文》,上海古籍出版社1985年。

陸璣:《毛詩草木鳥獸蟲魚疏》,中華書局1985年影印本。

陸璣撰、明毛晉廣要:《毛詩草木鳥獸蟲魚疏廣要》,中華書局1985年影印本。

陸賈撰、王利器校注:《新語校注》,中華書局1986年。

陸九淵:《陸九淵集》,中華書局1980年。

羅璧:《識遺》,文淵閣四庫全書影印本。

羅泌:《路史》,中華書局1985年。

羅願:《爾雅翼》,中華書局1985年。

羅振玉:《增訂殷墟書契考釋》,東方學會1927年。

呂不韋等:《呂氏春秋》,上海書店1985年。

呂坤:《呻吟語》,文淵閣四庫全書影印本。

馬承源：《上海博物館藏戰國楚竹書》（三），上海古籍出版社2003
　　　　年。

馬驌：《驛史》，文淵閣四庫全書影印本。

馬驌：《左傳事緯前集》，文淵閣四庫全書影印本。

馬總：《意林》，江蘇廣陵古籍刻印社1982年。

毛亨傳、鄭玄箋、孔穎達等正義：《毛詩正義》（十三經注疏本），浙
　　　　江古籍出版社1998年影印本。

毛奇齡：《春秋毛氏傳》，文淵閣四庫全書影印本。

毛奇齡：《仲氏易》，文淵閣四庫全書影印本。

梅曾亮：《柏梘山房文集》，（臺灣）華文書局股份有限公司1969年。

墨翟：《墨子》，上海古籍出版社1995年。

歐陽修等：《新唐書》，中華書局1975年點校本。

歐陽詢：《藝文類聚》，上海古籍出版社1965年影印本。

皮錫瑞：《經學通論》，中華書局1954年。

蒲堅：《中國古代法制叢鈔》（一），光明日報出版社2001年。

乾隆《欽定周官義疏》，文淵閣四庫全書影印本。

強汝諤：《周易集義》，文物出版社1984年。

商鞅等撰、蔣禮鴻錐指：《商君書錐指》，中華書局1986年。

邵雍：《皇極經世書》，中州古籍出版社1992年。

史徵：《周易口訣義》，中華書局1985年。

睡虎地秦墓竹簡整理小組：《睡虎地秦墓竹簡》，文物出版社1978年。

睡虎地秦墓竹簡整理小組：《睡虎地秦墓竹簡》，文物出版社1990年。

司馬光：《資治通鑒》，上海古籍出版社1987年影印本。

司馬遷：《史記》，中華書局1982年點校本。

司穰苴：《司馬法》，四部叢刊本。

四庫全書研究所：《欽定四庫全書總目》（整理本），中華書局1997年。

宋書升：《周易要義》，齊魯書社1988年。

孫希旦：《禮記集解》，中華書局1989年。

孫星衍：《尚書今古文注疏》，中華書局2004年。

孫星衍等：《漢官六種》，中華書局1990年。

孫詒讓：《周禮正義》，中華書局1987年。

脫脫等：《宋史》，中華書局1977年點校本。

王弼等注、孔穎達等正義：《周易正義》（十三經注疏本），浙江古籍出版社1998年影印本。

王充撰、黃暉校釋：《論衡校釋》，中華書局1990年。

王道焜等：《左傳杜林合注》，文淵閣四庫全書影印本。

王夫之：《船山思問錄》，上海古籍出版社2000年。

王夫之：《讀通鑑論》，中華書局1975年。

王夫之：《尚書引義》，中華書局1976年。

王夫之：《周易內傳》（《船山全書》第1冊），嶽麓書社1988年。

王夫之：《周易外傳》，中華書局1977年。

王符撰、汪繼培箋注、彭鐸校正：《潛夫論箋校正》，中華書局1985年。

王國維：《今本竹書紀年疏證》，遼寧教育出版社1997年。

王聘珍：《大戴禮記解詁》，中華書局1983年。

王守仁：《王陽明全集》，上海古籍出版社1992年。

王肅：《孔子家語》（「百子全書」本），浙江古籍出版社1998年影印本。

王先謙：《漢書補注》，書目文獻出版社1995年影印本。

王先謙：《詩三家義集疏》，中華書局1987年。

王引之：《經義述聞》，江蘇古籍出版社1985年影印本。

王應麟：《玉海》，文淵閣四庫全書影印本。

王應麟：《周易鄭康成注》，上海書店1935年。

王與之：《周禮訂義》，文淵閣四庫全書影印本。

王昭禹：《周禮詳解》，文淵閣四庫全書影印本。

衛湜：《禮記集說》，文淵閣四庫全書影印本。

魏收：《魏書》，中華書局1974年點校本。

魏峴：《四明它山水利備覽》，中華書局1985年。

魏徵等：《隋書》，中華書局1973年點校本。

尉繚：《尉繚子》，中華書局1985年。

吳兢：《貞觀政要》，上海古籍出版社1978年。

蕭統編、李善等注：《六臣注文選》，中華書局1987年。

蕭嵩等：《大唐開元禮》，民族出版社2000年影印本。

徐幹：《中論》（附札記），中華書局1985年。

徐堅等：《初學記》，中華書局1962年。

許慎：《說文解字》（徐鉉增釋），文淵閣四庫全書影印本。

薛據：《孔子集語》（「百子全書」本），浙江古籍出版社1998年影印
　　　本。

薛瑄：《薛子道論》（「百子全書」本），浙江古籍出版社1998年影印
　　　本。

荀悅：《漢紀》（《兩漢紀》上冊），中華書局2002年。

荀悅：《申鑒》，中華書局1954年。

荀子：《荀子》（「百子全書」本），浙江古籍出版社1998年影印本。

嚴可均：《全上古三代文全秦文》，商務印書館1999年。

晏嬰等撰、張純一校注：《晏子春秋校注》，世界書局1935年。

楊時：《二程粹言》，中華書局1985年。

楊世文等：《易學集成》（三），四川大學出版社1998年。

揚雄撰、司馬光集注：《太玄集注》，中華書局1998年。

揚雄撰、汪榮寶義疏：《法言義疏》，中華書局1987年。

易祓：《周官總義》，文淵閣四庫全書影印本。

應劭：《風俗通義》，上海古籍出版社1990年影印本。

俞樾：《群經平議》（續修四庫全書本），上海古籍出版社1996年影印本。

袁宏：《後漢紀》（《兩漢紀》下冊），中華書局2002年。

袁康等：《越絕書》，上海古籍出版社1985年。

袁珂：《山海經校注》，上海古籍出版社1980年。

張機撰、譚日強注述：《金匱要略淺述》，人民衛生出版社1981年。

張家山二四七號漢墓竹簡整理小組：《張家山漢墓竹簡（二四七號墓）》，文物出版社2001年。

張九齡等：《唐六典》，文淵閣四庫全書影印本。

張浚：《紫岩易傳》，文淵閣四庫全書影印本。

張慮：《月令解》，文淵閣四庫全書影印本。

張廷玉等：《明史》，中華書局1974年點校本。

張載：《橫渠易說》，齊魯書社2004年。

張載：《張載集》，中華書局1978年。

張載：《張子正蒙》，上海古籍出版社2000年。

張載撰、朱熹注：《張子全書》，商務印書館1935年。

張載：《張子語錄》，上海書店1934年。

長孫無忌等：《唐律疏議》，中華書局1983年。

趙岐注、孫奭疏：《孟子注疏》（十三經注疏本），浙江古籍出版社1998年影印本。

趙汝愚：《宋名臣奏議》，文淵閣四庫全書影印本。

趙以夫：《易通》，文淵閣四庫全書影印本。

鄭剛中：《周易窺餘》，文淵閣四庫全書影印本。

鄭樵：《通志》，中華書局1987年。

鄭小同：《鄭志》，中華書局1985年。

鄭玄注、孔穎達等正義：《禮記正義》（十三經注疏本），浙江古籍出
　　　　版社1998年影印本。

鄭玄注、賈公彥疏：《儀禮注疏》（十三經注疏本），浙江古籍出版社
　　　　1998年影印本。

鄭玄注、賈公彥疏：《周禮注疏》（十三經注疏本），浙江古籍出版社
　　　　1998年影印本。

中國文物研究所等：《敦煌懸泉月令詔條》，中華書局2001年。

中國文物研究所等：《龍崗秦簡》，中華書局2001年。

周敦頤：《周子通書》，上海古籍出版社2000年。

朱駿聲：《六十四卦經解》，中華書局1958年。

朱熹：《近思錄》，中華書局1985年。

朱熹：《詩經集傳》，文淵閣四庫全書影印本。

朱熹：《四書章句集注》（《大學章句》、《中庸章句》、《論語集注》、
　　　　《孟子集注》），中華書局1983年。

朱熹：《周易本義》，中華書局2009年。

朱熹：《朱子全書》，上海古籍出版社、安徽教育出版社2002年。

朱彝尊：《經義考》，文淵閣四庫全書影印本。

朱震：《漢上易傳》，上海古籍出版社1989年。

左丘明撰、徐元誥集解：《國語集解》，中華書局2002年。

現當代研究作品

北京大學哲學系：《人與自然》，北京大學出版社1989年。

曹樹基：《中國人口史》第4卷，復旦大學出版社2000年。

曹樹基：《中國人口史》第5卷，復旦大學出版社2001年。

陳德懋：《中國植物分類學史》，華中師範大學出版社1993年。

陳登林等：《中國自然保護史綱》，東北林業大學出版社1991年。

陳恩林：《先秦軍事制度研究》，吉林文史出版社1991年。

陳鼓應：《道家文化研究》第18輯（出土文獻專號），三聯書店2000
　　　年。

陳夢家：《殷虛卜辭綜述》，中華書局1988年。

陳其泰等：《二十世紀中國禮學研究論集》，學苑出版社1998年。

陳嶸：《中國森林史料》，中國林業出版社1981年。

陳戍國：《魏晉南北朝禮制研究》，湖南教育出版社1995年。

陳戍國：《先秦禮制研究》，湖南教育出版社1991年。

陳戍國：《中國禮制史秦漢卷》，湖南教育出版社2002年。

陳煒湛：《甲骨文田獵刻辭研究》，廣西教育出版社1995年。

陳業新：《明至民國時期皖北地區災害環境與社會應對研究》，上海人
　　　民出版社2008年。

陳業新：《災害與兩漢社會研究》，上海人民出版社2004年。

陳直：《漢書新證》，天津人民出版社1979年。

成中英：《合外內之道——儒家哲學論》，中國社會科學出版社2001
　　　年。

春喜：《晚第四紀吉蘭泰鹽湖古湖面與環境變化研究》，蘭州大學自然
　　　地理研究所博士學位論文，2006年。

鄧雲特：《中國救荒史》，商務印書館1993年影印本。

丁四新：《楚地出土簡帛文獻思想研究》，湖北教育出版社2002年。

董愷忱等：《中國科學技術史農學卷》，科學出版社2000年。

凍國棟：《中國人口史》第2卷，復旦大學出版社2002年。

〔美〕杜維明：《論儒學的宗教性：對〈中庸〉的現代詮釋》（段德智
　　　　譯），武漢大學出版社1999年。

恩格斯：《自然辯證法》，人民出版社1971年。

〔美〕E.P. 埃克霍姆：《土地在喪失——環境壓力和世界糧食前景》
　　　　（黃重生譯），科學出版社1982年。

〔美〕E.P. 奧德姆：《生態學基礎》（孫儒泳等譯），人民教育出版社
　　　　1981年。

樊寶敏等：《中國森林生態史引論》，科學出版社2008年。

方東美：《方東美集》，群言出版社1993年。

方立天：《儒學與中國文化現代化》，中國人民大學出版社1998年。

馮滬祥：《人、自然與文化——中西環保哲學比較研究》，人民文學出
　　　　版社1996年。

馮天瑜：《中國文化斷想》，華中理工大學出版社1998年。

馮天瑜等：《文明的可持續發展之道——東方智慧的歷史啟示》，人民
　　　　出版社1999年。

馮天瑜等：《中華文化史》第2版，上海人民出版社2005年。

馮友蘭：《新理學》，商務印書館1939年。

馮友蘭：《中國哲學史》上冊，中華書局1961年。

蓋山林等：《文明消失的現代啟悟》，內蒙古大學出版社2002年。

高亨：《周易大傳今注》，齊魯書社1979年。

葛劍雄：《西漢人口地理》，人民出版社1986年。

葛劍雄：《中國人口史》第1卷，復旦大學出版社2002年。

葛劍雄：《中國移民史》第2卷，福建人民出版社1997年。

葛兆光：《中國思想史》第2卷《七世紀至十九世紀中國的知識、思想與信仰》，復旦大學出版社2000年。

葛志毅等：《先秦兩漢的制度與文化》，黑龍江教育出版社1998年。

龔高法等：《歷史時期氣候變化研究方法》，科學出版社1983年。

顧頡剛：《古史辨》第3冊，上海古籍出版社1982年。

顧延生：《長江中游鑽孔沉積物記錄的5000年來氣候變化與環境重建》，武漢大學歷史系博士學位論文，2004年。

郭寶鈞：《中國青銅器時代》，三聯書店1963年。

郭沫若：《郭沫若全集考古編》第2卷，科學出版社1983年。

郭沫若：《中國古代社會研究》，人民出版社1964年。

國際儒學聯合會：《儒學現代性探討》，北京圖書館出版社2002年。

韓自強：《阜陽漢簡〈周易〉研究》，上海古籍出版社2004年。

〔美〕何炳棣：《中國古今土地數字的考釋和評價》，中國社會科學出版社1988年。

何光滬等：《對話二：儒釋道與基督教》，社會科學文獻出版社2001年。

何懷宏：《生態倫理——精神資源與哲學基礎》，河北大學出版社2002年。

何介鈞等：《馬王堆漢墓》，文物出版社1982年。

〔德〕H.雷默特：《生態學》（莊吉珊譯），科學出版社1988年。

〔美〕H.T.奧德姆：《系統生態學》（蔣有緒等譯），科學出版社1993年。

侯外廬：《中國思想通史》第4卷上冊，人民出版社1959年。

胡厚宣：《甲骨文與殷商史》，上海古籍出版社1983年。

湖南省博物館等：《長沙楚墓》（上冊），文物出版社2000年。

胡適：《中國中古思想史長編》，華東師範大學出版社1996年。

胡學常：《文學話語與權力話語——漢賦與兩漢政治》，浙江人民出版
　　　社2000年。

黃春長：《環境變遷》，科學出版社2000年。

黃壽祺等：《周易研究論文集》第1輯，北京師範大學出版社1987年。

〔美〕霍爾姆斯羅爾斯頓Ⅲ：《哲學走向荒野》（劉耳等譯），吉林人
　　　民出版社2000年。

季羨林等：《東西文化議論集》下冊，經濟日報出版社1997年。

蔣朝君：《道教生態倫理思想研究》，東方出版社2006年。

江曉原：《天學外史》，上海人民出版社1999年。

姜濤：《中國近代人口史》，浙江人民出版社1993年。

金以聖：《生態學基礎》，中國人民大學出版社1988年。

景愛：《沙漠考古通論》，紫禁城出版社1999年。

軍事科學院計劃指導部圖書資料處：《殷商軍事資料》（上編），1983
　　　年。

藍永蔚：《春秋時期的步兵》，中華書局1979年。

勞幹：《居延漢簡考證》，「中央」研究院歷史語言研究所專刊之四十
　　　一，1959年。

黎虎：《魏晉南北朝史論》，蘭州大學出版社1999年。

李丙寅：《中國古代環境保護》，河南大學出版社2001年。

李長安等：《長江中游環境演化與防洪對策》，中國地質大學出版社
　　　2001年。

李發林：《漢畫考釋和研究》，中國文聯出版社2000年。

李根蟠等：《中國經濟史上的天人關係》，農業出版社2002年。

李劍農：《中國古代經濟史稿》，武漢大學出版社2006年。

李鏡池：《周易通義》，中華書局1981年。

李培超：《自然的倫理尊嚴》，江西人民出版社2001年。

李容全等：《內蒙古高原湖泊與環境變遷》，北京師範大學出版社1990年。

李文漪：《中國北、中亞熱帶晚第四紀植被與環境》，海洋出版社1993年。

李文漪：《中國第四紀植被與環境》，科學出版社1998年。

李學勤等：《簡帛研究》（第3輯），廣西教育出版社1998年。

李澤厚：《中國古代思想史論》，安徽文藝出版社1994年。

連雲港市博物館等：《尹灣漢墓簡牘綜論》，科學出版社1999年。

梁方仲：《中國歷代人口、田地、田賦統計》，上海人民出版社1980年。

梁滿倉：《魏晉南北朝五禮制度考論》，社會科學文獻出版社2009年。

梁啟超：《中國歷史研究法》，上海古籍出版社1998年。

林劍鳴：《法與中國社會》，吉林文史出版社1988年。

林劍鳴等：《秦漢社會文明》，西北大學出版社1985年。

劉長林：《中國系統思維》，中國社會科學出版社1990年。

劉翠溶：《自然與人為互動：環境史研究的視角》，臺灣「中央」研究院、聯經出版公司2008年。

劉翠溶等：《積漸所致：中國環境史論文集》（上、下），臺灣「中央」研究院經濟研究所1995年。

劉大椿等：《環境思想研究：基於中國傳統與現實的回應》，中國人民大學出版社1998年。

劉光華：《漢代西北屯田研究》，蘭州大學出版社1988年。

劉光華：《秦漢西北史地叢稿》，甘肅文化出版社2007年。

劉明光：《中國自然地理圖集》，中國地圖出版社2010年。

劉文英：《儒家文明——傳統與傳統的超越》，南開大學出版社1999年。

劉昭民：《中國歷史上氣候之變遷》，臺灣商務印書館股份有限公司
　　　　1982年。

陸文郁：《詩草木今釋》，天津人民出版社1957年。

呂思勉：《兩晉南北朝史》下冊，上海古籍出版社1983年。

羅桂環等：《中國環境保護史稿》，中國環境科學出版社1995年。

羅桂環等：《中國歷史時期的人口變遷與環境保護研究》，冶金工業出
　　　　版社1995年。

羅振玉：《羅雪堂先生全集》3編第2冊，（臺灣）大通書局有限公司
　　　　1989年。

馬克思等：《馬克斯恩格斯全集》第20卷，人民出版社1971年。

馬克思等：《馬克斯恩格斯全集》第9卷，人民出版社1961年。

馬克思等：《馬克斯恩格斯全集》第3卷，人民出版社1960年。

馬克思等：《馬克斯恩格斯全集》第18卷，人民出版社1964年。

馬克思等：《馬克斯恩格斯選集》第3卷，人民出版社1972年。

馬克思等：《馬克斯恩格斯選集》第4卷，人民出版社1995年。

馬克思等：《馬克斯恩格斯選集》第1卷，人民出版社1972年。

馬振鐸等：《儒家文明》，中國社會科學出版社1999年。

Mary Evelyn Tucker and John Berthrong, Confucianism and Ecology: The
　　　　Interrelation of Heaven, Earth, and Humans, Harvard University
　　　　Press, 1998.

梅莉等：《兩湖平原開發探源》，江西教育出版社1995年。

梅雪芹：《環境史學與環境問題》，人民出版社2004年。

蒙培元：《人與自然——中國哲學生態觀》，人民出版社2004年。

蒙培元：《心靈超越與境界》，人民出版社1998年。

牟重行：《中國五千年氣候變遷的再考證》，氣象出版社1996年。

〔比〕P.迪維諾：《生態學概論》（李耶波譯），科學出版社1987年。

彭林：《周禮主體思想與成書年代研究》，中國社會科學出版社1991年。

錢穆：《兩漢經學今古文平議》，商務印書館2001年。

錢世明：《說天人合一》，京華出版社1999年。

屈萬里：《漢石經周易殘字集證》，臺灣「中央」研究院歷史語言所1999年影印本。

任繼愈：《中國哲學史》第3冊，人民出版社1964年。

任繼愈：《中國哲學史》第4冊，人民出版社1979年。

阮忠：《漢賦藝術論》，華中師範大學出版社1993年。

陝西師範大學西北歷史環境與經濟社會發展研究中心：《歷史環境與文明演進》，商務印書館2005年。

佘正榮：《中國生態倫理傳統的詮釋與重建》，人民出版社2002年。

申紅義：《出土楚簡與傳世典籍異文研究》，四川大學歷史文化學院博士學位論文，2006年。

施雅風：《中國全新世大暖期氣候與環境》，海洋出版社1992年。

宋祚胤：《周易譯注與考辨》，湖南人民出版社1981年。

孫金鑄：《河套平原自然條件及其改造》，內蒙古人民出版社1977年。

孫振玉：《人類生存與生態環境》，黑龍江人民出版社2005年。

譚其驤：《中國歷史地圖集》第1冊，地圖出版社1982年。

譚其驤：《中國歷史地圖集》第2冊，地圖出版社1982年。

譚其驤：《中國歷史地圖集》第4冊，地圖出版社1982年。

譚其驤：《中國歷史地圖集》第5冊，地圖出版社1982年。

唐長孺：《魏晉南北朝隋唐史三論》，武漢大學出版社1992年。

〔美〕唐納德沃斯特：《自然的經濟體系——生態思想史》（侯文惠譯），商務印書館1999年。

田廣清：《和諧論 —— 儒家文明與當代社會》，中國華僑出版社1998
　　　年。

宛敏渭：《中國自然歷續編》，科學出版社1987年。

宛敏渭：《中國自然歷選編》，科學出版社1986年。

王邨：《中原地區歷史旱澇氣候研究和預測》，氣象出版社1992年。

王國維：《觀堂集林》卷10《史林二》，中華書局1959年。

王建中等：《南陽兩漢畫像石》，文物出版社1990年。

王利華：《中古華北飲食文化的變遷》，中國社會科學出版社2000年。

王利華：《中國歷史上的環境與社會》，三聯書店2007年。

王儒林等：《南陽漢畫像石》，河南美術出版社1989年。

王慎行：《古文字與殷周文明》，陝西人民教育出版社1992年。

王天順：《河套史》，人民出版社2006年。

王宇信等：《中國政治制度通史》第2卷《先秦》，人民出版社1996
　　　年。

王玉德等：《中華五千年生態文化》（上、下），華中師範大學出版社
　　　1999年。

王正平：《環境哲學 —— 環境倫理的跨學科研究》，上海人民出版社
　　　2004年。

王子今：《秦漢時期生態環境研究》，北京大學出版社2007年。

魏堅：《內蒙古中南部漢代墓葬》，中國大百科全書出版社1998年。

文煥然：《秦漢時代黃河中下游氣候研究》，商務印書館1959年。

文煥然等：《中國歷史時期冬半年氣候冷暖變遷》，科學出版社1996
　　　年。

文煥然等：《中國歷史時期植物與動物變遷研究》，重慶出版社1995
　　　年。

吳存浩：《中國農業史》，警官教育出版社1996年。

吳浩坤等：《中國甲骨學史》，上海人民出版社1985年。

吳慧：《中國歷代糧食畝產研究》，農業出版社1985年。

吳松弟：《中國人口史》第3卷，復旦大學出版社2002年。

吳祥定：《黃河流域環境演變與水沙運行規律研究文集》（第2集），地質出版社1991年。

吳澤：《吳平心史論集》，人民出版社1983年。

西北師範學院地理系等：《中國自然地理圖集》，地圖出版社1984年。

謝暉：《法學範疇的矛盾辨思》，山東人民出版社1999年。

徐嵩齡：《環境倫理學進展：評論與闡釋》，社會科學文獻出版社1999年。

徐中舒：《徐中舒歷史論文選輯》（上冊），中華書局1998年。

許倬雲：《許倬雲自選集》，上海教育出版社2002年。

旭日幹：《內蒙古動物志》第2卷，內蒙古大學出版社2001年。

嚴足仁：《中國歷代環境保護法制》，中國環境科學出版社1989年。

楊愛國：《山東漢畫像石》，山東文藝出版社2004年。

楊懷仁等：《長江中下游環境變遷與地生態系統》，河海大學出版社1995年。

楊樹達：《積微居甲文說》卷上，上海古籍出版社1986年。

楊樹達：《積微居小學述林》，中國科學院1954年。

楊文衡：《易學與生態環境》，中國書店2003年。

楊向奎：《中國古代社會與古代思想研究》（上），上海人民出版社1962年。

楊向奎：《宗周社會與禮樂文明》，人民出版社1997年。

姚偉鈞：《禮——傳統道德核心談》，廣西人民出版社1997年。

葉平：《生態倫理學》，東北林業大學出版社1994年。

葉顯恩等：《中國傳統社會經濟與現代化：從不同的角度探索中國傳統社會的底蘊及其與現代化的關係》，廣東人民出版社2001年。

雍文濤：《林業建設問題研究》，中國林業出版社1986年。

余謀昌：《生態倫理學——從理論走向實踐》，首都師範大學出版社1999年。

余謀昌：《生態哲學》，陝西人民教育出版社2000年。

余文濤等：《中國的環境保護》，科學出版社1987年。

袁仲一等：《秦陶文新編》上編《考釋》，文物出版社2009年。

曾昭璇等：《歷史地貌學淺論》，科學出版社1985年。

張秉仁：《遙感圖像三維技術研究及古黃河源頭水系的新發現》，吉林大學博士學位論文，2005年。

張岱年：《張岱年文集》第6卷，清華大學出版社1995年。

張國華等：《中國法律思想通史（一）》，山西人民出版社2001年。

張家誠等：《中國氣候》，上海科學技術出版社1985年。

張建民等：《歷史時期長江中游地區人類活動與環境變遷專題研究》，武漢大學出版社2011年。

張建民：《明清長江流域山區資源開發與環境演變——以秦嶺-大巴山區為中心》，武漢大學出版社2007年。

張建民：《武漢大學歷史學集刊》第1輯，湖北人民出版社2005年。

張立文：《帛書周易注釋》，中州古籍出版社1992年。

張立文：《中國和合文化導論》，中共中央黨校出版社2001年。

張丕遠：《中國歷史氣候變化》，山東科學技術出版社1996年。

張全明等：《中國歷史地理論綱》，華中師範大學出版社1996年。

張世英：《天人之際：中西哲學的困惑與選擇》，人民出版社1995年。

張亞初等：《西周金文官制研究》，中華書局1986年。

張雲飛：《天人合一——儒學與生態環境》，四川人民出版社1995年。

〔美〕趙岡：《中國歷史上生態環境之變遷》，中國環境科學出版社
　　　　1996年。

〔美〕趙岡等：《中國土地制度史》，新星出版社2006年。

趙光賢：《古史考辨》，北京師範大學出版社1987年。

鄭喜玉：《內蒙古鹽湖》，科學出版社1992年。

趙軼峰：《當代中國的「人—自然」觀》，東北師範大學出版社2008
　　　　年。

鄭作新等：《中國動物志鳥綱》第6卷，科學出版社1991年。

《中國軍事史》編寫組：《中國軍事史》第3卷《兵制》，解放軍出版
　　　　社1987年。

《中國軍事史》編寫組：《中國軍事史》第4卷《兵法》，解放軍出版
　　　　社1988年。

《中國軍事史》編寫組：《中國軍事史》第6卷《兵壘》，解放軍出版
　　　　社1991年。

中國科學院《中國自然地理》編輯委員會：《中國自然地理歷史自然
　　　　地理》，科學出版社1982年。

中國科學院哲學研究所中國哲學史組：《中國哲學史資料選輯（清代
　　　　之部）》，中華書局1962年。

中國孔子基金會：《儒學與廿一世紀——紀念孔子誕辰2545週年暨國
　　　　際儒學討論會會議文集》上冊，華夏出版社1995年。

中國農林科學院木材工業研究所：《長沙馬王堆一號漢墓出土動植物
　　　　標本的研究》，文物出版社1978年。

中國農業科學院、南京農學院中國農業遺產研究室：《中國農學史》
　　　　下冊，科學出版社1984年。

中國農業科學院柑橘研究所：《柑橘栽培手冊》，農業出版社1978年。

中國農業科學院中國農業遺產研究室：《中國農學史》（初稿）（上冊），科學出版社1959年。

中國社會科學院歷史研究所戰國秦漢史研究室：《簡牘研究譯叢》第1輯，中國社會科學出版社1983年。

中國社會科學院哲學研究所科學技術哲學室：《國外自然科學哲學問題》，中國社會科學出版社1994年。

中央氣象局氣象科學研究院天氣氣候研究所：《全國氣候變化學術討論會文集（1978年）》，科學出版社1981年。

中央氣象局研究所：《氣候變遷和超長期預報文集》，科學出版社1977年。

周振甫：《周易譯注》，中華書局1991年。

周振鶴：《西漢政區地理》，人民出版社1987年。

周振鶴：《中國地方行政制度史》，上海人民出版社2005年。

周振鶴等：《中國行政區劃通史總論、先秦卷》，復旦大學出版社2009年。

朱芳圃：《殷周文字釋叢》，中華書局1962年。

朱錫祿：《嘉祥漢畫像石》，山東美術出版社1992年。

朱自清：《聞一多全集》（二），開明書店1948年。

竺可楨：《竺可楨文集》，科學出版社1979年。

祝瑞開：《儒學與21世紀中國：構建、發展「當代新儒學」》，學林出版社2000年。

鄒進上：《氣候學研究——「天、地、生」相互影響研究》，氣象出版社1989年。

鄒逸麟：《椿廬史地論稿》，天津古籍出版社2005年。

鄒逸麟：《黃淮海平原歷史地理》，安徽教育出版社1997年。

後記[*]

　　本書為上海市哲學社會科學基金、孔子文化大學深見東州儒學研究基金和上海交通大學文科研究基金資助研究項目的最終成果。從最初的深見東州儒學研究基金資助立項，到課題的最後完成，歷時整整十年。在此，向對課題的一再延期結題持可之態的上述資助部門及其負責人致以謝忱！

　　課題的研究和成果的出版，得到了諸多賢者襄助：哈佛大學燕京學社前主任杜維明先生及其助手李若虹女士、臺灣師範大學地理系教授潘朝陽先生等等，不憚煩瑣，分別從大洋和海峽彼岸，惠寄有關資料及其大作；書稿部分內容，幸賴有關專家、編輯之不棄，先後在一些學術雜誌上刊出；初稿完成後，在申請上海交通大學學術著作出版基金資助的過程中，得到了復旦大學歷史地理研究中心資深教授鄒逸麟先生、上海交通大學科技史與科學文化研究院特聘教授江曉原先生的支持，仰仗二位知名專家的鼎立推薦，書稿得獲該基金的專項資助；書稿的出版，上海交通大學出版社華春榮兄、文科編輯室主任吳芸茜博士等致力尤多。對上述各位師、友的多方幫助，在此敬上一聲真誠的「謝謝」，同時也獻上一片真摯的祝福！

　　「文章千古事，得失寸心知」。習稿雖付梓面世，然其中尚存諸如疏漏、枝蔓甚至錯繆之失，敬請博雅君子補苴、芟夷、教正之！

陳業新

二〇一一年八月於上海交通大學歷史系

---

* 本文為簡體版之後記。

中華文化思想叢書 A0100018

儒家生態意識與中國古代環境保護研究　下冊

作　　　者	陳業新
責任編輯	蔡雅如
發 行 人	陳滿銘
總 經 理	梁錦興
總 編 輯	陳滿銘
副總編輯	張晏瑞
編 輯 所	萬卷樓圖書股份有限公司
排　　　版	林曉敏
印　　　刷	百通科技股份有限公司
封面設計	斐類設計工作室

出　　　版　昌明文化有限公司

桃園市龜山區中原街 32 號

電話 (02)23216565

發　　　行　萬卷樓圖書股份有限公司

臺北市羅斯福路二段 41 號 6 樓之 3

電話 (02)23216565

傳真 (02)23218698

電郵 SERVICE@WANJUAN.COM.TW

大陸經銷

廈門外圖臺灣書店有限公司

　　電郵 JKB188@188.COM

ISBN 978-986-92898-8-7

2016 年 4 月初版

定價：新臺幣 300 元

如何購買本書：

1. 劃撥購書，請透過以下郵政劃撥帳號：

　帳號：15624015

　戶名：萬卷樓圖書股份有限公司

2. 轉帳購書，請透過以下帳戶

　合作金庫銀行 古亭分行

　戶名：萬卷樓圖書股份有限公司

　帳號：0877717092596

3. 網路購書，請透過萬卷樓網站

　網址 WWW.WANJUAN.COM.TW

大量購書，請直接聯繫我們，將有專人為您

服務。客服：(02)23216565 分機 10

如有缺頁、破損或裝訂錯誤，請寄回更換

國家圖書館出版品預行編目資料

儒家生態意識與中國古代環境保護研究 / 陳
業新著.-- 初版.-- 桃園市 : 昌明文化出版 ;
臺北市 : 萬卷樓發行, 2016.04

　冊 ;　　公分.-- (中華文化思想叢書)

ISBN 978-986-92898-8-7(下冊 : 平裝)

1.儒家 2.環境保護

121.2　　　　　　　　　　　　105003151